HEYNE

Über den Autor

Uwe-Karsten Heye, geboren 1940, arbeitete als Pressereferent und Redenschreiber für den damaligen SPD-Vorsitzenden Willy Brandt. In den 80er Jahren freier Autor für ARD und ZDF. Ab 1990 Pressesprecher von Gerhard Schröder in Niedersachsen und von 1998 bis 2002 Regierungssprecher und Chef des Presse- und Informationsamtes der Bundesregierung, danach Generalkonsul der Bundesrepublik Deutschland in New York. Von 2006 bis 2010 war Heye Chefredakteur der SPD-Parteizeitung »Vorwärts«. Er ist Gründungsmitglied und 1. Vorsitzender des Vereins »Gesicht Zeigen! Aktion weltoffenes Deutschland«.

Uwe-Karsten Heye

SCHICKSALSJAHRE

Nach der wahren Geschichte
»Vom Glück nur ein Schatten«

WILHELM HEYNE VERLAG
MÜNCHEN

MIX
Papier aus verantwortungsvollen Quellen
FSC® C014496

Verlagsgruppe Random House FSC-DEU-0100
Das für dieses Buch verwendete FSC®-zertifizierte Papier
Holmen Book Cream liefert Holmen Paper, Hallstavik, Schweden.

2. Auflage
Erweiterte Taschenbuchausgabe 03/2011
Die Originalausgabe erschien unter dem Titel »Vom Glück nur ein Schatten«

Printed in Germany 2011
Umschlaggestaltung: eisele grafik-design, München
Umschlagillustration: © 2011 by ZDF und Thomas Kost
Satz: Uhl + Massopust, Aalen
Druck und Bindung: GGP Media GmbH, Pößneck

ISBN: 978-3-453-60211-3

Für Silke, Tom Benedikt,
Leo und Tim Moritz

INHALT

VORWORT ZUR FILMAUSGABE

Schicksalsjahre – Eine deutsche Frauengeschichte

Es leben nicht mehr viele Frauen und Männer, die von Krieg und Wiederaufbau erzählen können. Einst waren solche Geschichten Alltag, man hörte sie bei Familienfesten oder in der Nachbarschaft: Schwarzmarkt, Verlust und Not, verschollene Männer, die wieder auftauchten. Klassische Filme und Bücher (»Draußen vor der Tür«, »Die Ehe der Maria Braun«) haben die Geschichten von Krieg und Wiederaufbau, von Trümmerfrauen und Spätheimkehrern zu einem Mythos der frühen Bundesrepublik gemacht.

Heute können wir diese Zeit anders in den Blick nehmen. Und wir müssen das auch: Die Republik ist erwachsen geworden, Frauen- und Männerrollen haben sich gewandelt, Geschichten werden anders erzählt. Eigensinn, Kreativität und Unsicherheit hatten als individuelle, das Leben chaotisierende Elemente bislang wenig Platz in historischen Stoffen. Heute sind wir da freier. Es ist möglich, Geschichte nicht als Mythos, Moral und Schicksal zu erzählen, sondern individuell. Wir können und müssen bedenken, dass »Trümmerfrauen« ein pauschalisierender Begriff ist, der nur eine relativ kurze Strecke in einem ganzen Leben bezeichnet und völlig unterschiedliche Schicksale unter ein Kopftuch zwängt.

Zum Beispiel Ursula Heye. In der Verfilmung ihrer Lebensgeschichte verkörpert Maria Furtwängler diese Frau. Wir lernen sie vor Kriegsbeginn als musisch interessierte, anmutige junge Frau kennen. Sie verliebt sich kurz vor Kriegsbeginn in den Mann ihres Lebens, den Sänger Wolfgang Heye, den es von den Hinterhoftheatern Berlins auf die Opernbühne zieht. Und gewiss, das Leben der Heyes wäre ein anderes gewesen, wäre nicht ein ganzes Volk dem Irrsinn des Nationalsozialismus erlegen: Deutschland stürzte sich in einen Weltkrieg, dessen Ausgang die Heyes getrennt hat. Ursula blieb mit ihren beiden Kindern Bärbel und Uwe allein zurück, zuerst in der sowjetisch besetzten Zone und frühen DDR und später, nach der Flucht in den Westen, in Mainz.

Drei Jahrzehnte umfasst ihre Geschichte, die ihr Sohn Uwe-Karsten Heye in dem Buch »Vom Glück nur ein Schatten« aufgezeichnet hat. Es ist eine in jeder Hinsicht ungewöhnliche Geschichte, die gerade darin wieder typisch ist. Der Zweite Weltkrieg, die nationalsozialistische Herrschaft, Shoah und Vertreibung haben das Leben von Millionen Menschen zutiefst erschüttert. Auch im Leben der Familie Heye blieb kein Stein auf dem anderen. Wenige Jahre nach der improvisierten Liebeshochzeit folgt die von den Umständen erzwungene Scheidung. Nach Kriegsende haben Ursula und Wolfgang allen Grund anzunehmen, der jeweils andere habe nicht überlebt. Erst Jahre später sollte sich die Wahrheit herausstellen.

Mit einem glänzenden Darstellerensemble – Pasquale Aleardi, Dorka Gryllus, Günther Maria Halmer, Rosel Zech, Nicole Marischka, Merab Ninidze, um nur einige zu nennen – erzählen Drehbuchautor Thomas Kirchner und Regisseur Miguel Alexandre diesen Bogen mit einer enormen emotionalen Kraft. Den Blick ungemein nah und genau auf ihre Hauptfigur gerichtet, lassen sie doch in jedem Moment spüren, wie sich diese sehr individuelle Biografie einer unangepassten Frau mit der Biografie einer ganzen Epoche verschränkt. Diese Epoche erwies sich als schicksalhaft nicht nur in dem Sinne, dass sie von Verführbarkeit und kollektivem Versagen zeugt, sondern auch darin, im Eingeständnis der eigenen Schuld die Verpflichtung auf einen gesellschaftlichen Neuanfang in Freiheit zu erkennen.

Es waren vor allem die Frauen und Mütter, die nach 1945 für diese Verpflichtung einstanden; und insofern ist Ursula Heye doch auch »Trümmerfrau«, als sie mit ihrer Haltung vielleicht mehr noch als mit ihren Händen den Wiederaufbau dieses Landes ins Werk setzen half, aufrichtig und unerschrocken die »Schicksalsjahre« als Bewährungsjahre begreifend.

In der Tradition der großen zeitgeschichtlichen Stoffe im ZDF verfolgt dieser von teamWorx und den Produzenten Nico Hofmann, Benjamin Benedict und Jürgen Schuster aufwändig produzierte Zweiteiler die Absicht, Geschichte zeitgemäß zu erzählen: als Familiengeschichte, Frauengeschichte, als »Deutsche Geschichte 2.0«.

Heike Hempel, ZDF, Hauptredaktionsleiterin Unterhaltung-Wort
Alexander Bickel, ZDF, Redakteur Unterhaltung-Wort

KAPITEL 1

Siebzehn Seiten Leben

Ein leichtes, zögerliches Lächeln, so erinnere ich den Augenblick. Fast ein wenig scheu, so als sei sie sich bis zu dem Moment, da sie die eng beschriebenen Seiten zu mir über den Tisch schob, nicht sicher gewesen, ob sie sie loslassen, mir übereignen solle. Es waren 17 Seiten, Format DIN A 5. »Vielleicht interessiert es dich«, sagte sie. »Vielleicht…« Ich versuche mich zu erinnern, wie ich reagiert, was ich ihr geantwortet habe. Hat sie mir meine Überraschung angesehen? Habe ich Interesse gezeigt? Ich weiß es nicht. Ich hoffe, ja. Und dennoch vergingen 15 Jahre, bis ich gelesen habe, was sie mir damals, in diesem stillen Augenblick, auf den Tisch gelegt hat.

Heute frage ich mich, was der Grund für diese übertragene Scheu gewesen ist, zu lesen, was sie doch für mich bestimmt hatte. Ich habe diese Seiten wie einen Schatz gehütet. Unfähig, ihn zu heben. Ihn bei mir zu haben, reichte für eine lange Weile. Ich hatte etwas von ihr. Bei drei Umzügen wanderten diese Seiten mit, von Bonn nach Hannover, von Hannover nach Berlin, von Berlin nach Potsdam. Manchmal suchte ich fieberhaft nach ihnen, sie schienen verschwunden und tauchten wieder auf. Jedes Mal atmete ich in tiefer Erleichterung auf, wenn ich die verloren geglaubte, von ihr selbst überbrachte Post mit den langsam vergilbenden Blättern wieder in der Hand hatte.

Manchmal fiel mir der Text wie zufällig entgegen, wenn ich irgendwo zwischen Büchern, Akten, Notizen ein Blatt, nur einen Buchstaben sah, in dieser typischen steilen Schrift. Das U versehen mit einem spielerischen Bogen, ehe der Strich senkrecht nach oben führte, um ebenso steil abzufallen, nur eine leichte, kaum wahrnehmbare Schlinge zu bilden, um dann wieder nach oben zu fahren, wieder nach unten zu fallen und in einem leichten Bogen den Buchstaben zu vollenden. Ihr U konnte ich aus allen Schriftbildern herausfiltern, dem sich dann ein kleines geschlossenes »we«, etwas abgesetzt von dem allein stehenden U, anfügte. »Lieber Uwe«, steht auf dem Vorblatt zu den 17 Seiten. Mehr zu lesen brachte ich in 16 Jahren nicht über mich. Diese Schrift also machte ihre Zeilen für mich immer wieder auffindbar. Keine Allerweltsschrift. Etwas Besonderes.

So waren wir irgendwie zusammengeschweißt. Diese Erinnerungen meiner Mutter auf 17 kleinen Seiten und ich. Ihre Scheu, mir diese Zeilen zu übergeben, wurde meine Scheu, sie zu lesen. Ich ahnte, warum. Ich ahnte den Schmerz, der sich darin verbarg. Ich ahnte, dass ich zu warten hatte, bis ich die Kraft haben würde, ihren Schmerz zu ertragen. Jetzt lese ich und träume ihr nach. Jetzt. Endlich kann ich nachfühlen und wieder erinnern.

Als Erstes die Erinnerung an diesen späten Sommertag des Jahres 1988, sie ist 75 Jahre alt. Sie hat den Sessel nicht verlassen, seit ich sie vom Bonner Bahnhof abgeholt habe. Ich habe lange warten müssen, der Strom der Reisenden ist schon abgeebbt, als ich sie entdecke. Langsam geht sie in Richtung Ausgang und lächelt, als sie mich an der Treppe entdeckt, die hinunter zur Eingangshalle führt. Ihr Haar durch einen Scheitel geordnet, die Brille wie immer etwas zu groß für das kleine Gesicht. Ein Kuss auf die Wange, sie lässt sich drücken und bleibt dabei doch irgendwie unbeteiligt. Ich nehme ihren Arm, greife den Koffer. Jetzt sitzt sie mir gegenüber, zwischen uns liegt die Aufzeichnung, ihre Erinnerung.

Sie besuchte mich für ein paar Tage in unserem Reihenhaus aus den 30er Jahren, auf der für die echten Bonner Bürger »falschen« Rheinseite im Vorort Beuel, erreichbar über die Kennedy-Brücke, die die Stadt mit den linksrheinischen Vororten verbindet. Wie sah sie damals aus? Selbst unter der Strickjacke in einem muscheligen Braunton lässt sich der darin verborgene magere und knochige Körper ahnen. Sie sitzt da wie ein verwehter Ton. Ein hinfälliger alter Mensch, dem jede Bewegung schwer wird, die schmalen Hände umhüllt von einer dünnen, durchscheinenden Haut. Adern, die die Pergamenthaut heben und eine bläulich-weiße Landschaft auf den Handrücken zeichnen. Die Nägel kurz geschnitten, farbloser Nagellack als einziges Zugeständnis an die Errungenschaften der Kosmetik. Diese Hände sind das Auffälligste an der Erscheinung meiner Mutter, ich sehe sie noch über Klaviertasten gleiten. Ihr Spiel hatte mich immer fasziniert, bis sie es einstellte. Irgendwann hatte sie sich von dem Instrument verabschiedet. Heute glaube ich, dass dieser Abschied von der Musik, die ihr immer so viel bedeutet hatte, zugleich ein Abschied war von allen Hoffnungen auf ein anderes Leben. Ihre Hände habe ich sehr gemocht. Solange ich denken kann, habe ich jedem Menschen, den ich kennen lerne, zuerst auf die Hände geschaut. Sie sind ein erstes Signal für mich, ob da jemand vor mir steht, den ich näher betrachten möchte.

Ihre Besuche sind selten, und es fällt ihr sichtlich schwer, für die Menschen, die sie bei mir trifft, Interesse aufzubringen. Schon mit meiner ersten Frau und meiner Tochter hatte sie auf Distanz gelebt. Vielleicht lag es auch daran, dass ihre erste Schwiegertochter, die Mutter meiner Tochter, unter schweren Depressionen litt. Noch eine Frau, die es mit sich selbst so schwer hatte, dass es ihr kaum gelang, aus dem Käfig herauszutreten, in dem sie sich verschanzte. Ihr Freitod hat mich eine lange Zeit beschwert, aber nie ist es zwischen meiner Mutter und mir darüber zu einem Gespräch gekommen.

Damals in Bonn und seinem kleinen linksrheinischen Vorort traf Ursel meine zweite Familie, eine muntere Versammlung mit meiner Tochter und den beiden Kindern meiner zweiten Frau, ein liebenswertes Geschwisterpaar. Und doch war es nicht anders: Ursel trennen Welten von dem Bild einer warmherzigen Großmutter. Sie schaffte einfach keine Nähe, wollte mich am liebsten allein sehen, empfand alles andere als Störung. So waren ihre seltenen Besuche weniger eine Freude als eine Herausforderung für alle. Das Lachen der drei Teenager, ihre laute Lebenslust, nein, das war nichts für sie.

Manchmals ließ sie sich überreden, von mir gestützt die steile Treppe zum Garten hinunterzugehen, der von der Küche aus zu erreichen war. Doch am liebsten war ihr der Platz am Küchenfenster. Da saß sie in sich versunken, während draußen der Sommer flirrte. Ich setzte mich dann zu ihr, hörte mir an, was sie über die Weltlage zu sagen hatte, ließ mir erzählen, welche Fernsehprogramme sie bevorzugte und welchen Politiker sie gerade ganz und gar nicht ausstehen konnte.

Und jetzt diese 17 kleinen Seiten. Sie erinnern mich an die berühmte Treppe, die Kurt Tucholsky aufgemalt hat. Über der ersten Stufe stand »sprechen«, über der zweiten »schreiben«, über der dritten »schweigen«.

Während ich 16 Jahre nach diesem irgendwie schattenhaften Besuch in Bonn die Bilder suche, den Erinnerungsfilm mit ihr als Hauptdarstellerin laufen lasse, sehe ich auf die Stadt. Ein großes Fenster öffnet den Blick auf die Wolkenkratzer, die bei manchen Wetterlagen tatsächlich an den Wolken kratzen, ich sehe auf die hohen Häuser, die eng zusammengeschoben die First Avenue begrenzen. Ich blicke auf New York, die Stadt am Hudson River. Hier können viele mit eigenen, persönlichen oder geliehenen Erinnerungen aufwarten, die über den Atlantik zurückfließen in das Land meiner Mutter, in mein Land zwischen Oder und Rhein, zwischen Nordsee und Bodensee.

Gerade in New York angekommen, erreicht mich im Sommer 2003 die Nachricht, dass dieses Buch erscheinen soll. Ein Verleger hatte verstanden, was ich mit dieser Erinnerungsarbeit vorhabe: Ein Leben wachrufen, das zwischen den Kriegen im blutigen 20. Jahrhundert gelebt wurde, dessen Lebensglück in eine kleine Nische gepresst war, eingesperrt zwischen den Katastrophen ihrer Generation. Und wie es scheint, steht das neue Jahrhundert, kaum begonnen, ebenfalls im Zeichen des Mars. Der Kriegsgott ist schon wieder auf der Walz und schlägt blutige Schneisen.

Jetzt lese ich erneut und immer wieder ihre 17 Seiten. Ich folge einem Text, der sich mir zwischen den Zeilen erschließt:

»Lieber Uwe,

ich weiß, daß die Erinnerungen nicht vollständig sind, meine Ängste, die immer mit mir gingen, kannst Du vielleicht nur erahnen. Alles Grauen – auch meine Angst vor dem Tod – habe ich versucht, zu unterdrücken. Ich will sie nicht mehr fühlen. Daher auch meine Antipathie gegen Dokumentationen der Nazi-Zeit. Vielleicht interessiert Dich mein Geschreibsel, ich mußte es einmal loswerden.

Deine Mutter«

Hier endet das Vorblatt. Schon diese dürren Zeilen berühren mich. Ich kenne ja ihr Leben. Ich weiß ja, wovon sie spricht, wenn sie das meiste verschweigt. Ihr Schweigen, das sie mit dem Hinweis auf ihre »Antipathie gegen Dokumentationen der Nazi-Zeit« benennt, war ein Schweigen aus Verzweiflung. Bilder tauchen auf. Ich erinnere mich an ebenso bittere wie erfolglose Versuche, sie aus ihrem Schweigen zu befreien. Gespräche in dem kleinen Garten am Waldrand von Gonsenheim. In diesem Vorort von Mainz, ihrer letzten Lebensstation, war es vor allem meine Schwester, die sich vergeblich bemühte, sie in das Leben um sie herum zurückzuholen. Doch Ursel hat sich fast nie darauf eingelassen. »Ach Lümming«, sagte sie dann, »lass man sein.« Und ich hatte eine verzweifelte Schwester am Telefon. »Du musst sofort kommen und mit ihr reden. Vielleicht hört sie ja auf dich.« Es waren Jahre vergeblicher Bemühungen. Jahre, die sich schwer auf die Seele meiner Schwester legten.

Meine Mutter hat mit zunehmendem Alter ihr Leben hinter dieser Mauer des Schweigens verbracht. Mehr und mehr nach innen gerichtet, in sich verkrochen, mit immer schmaler werdenden Zugängen. Und doch hat sie eine Tür geöffnet und mir ihre Post herausgereicht, die Erinnerung auf 17 Seiten.

»Versuch einer Rückschau.

Nach vielen Irrwegen, Träumen, Wunsch nach Zärtlichkeit und Wärme, endlich den Partner gefunden – meinen Mann Wolfgang –, der mir das gab, was ich so lang entbehrte. Zwar weich, etwas labil, aber von einer Intensität der Gefühle, alles hüllte mich ein; Wunschkind Barbara, unendlich glücklich – Krieg – Berlin. Kriegserklärung gegen mein Polen – ich ein heulendes Elend, warum nur Krieg??? Und dann noch gegen meine Landsleute – mein Vaterland war Polen, Mutterland Deutschland – alle Jahrzehnte meines Lebens konnte ich immer nur für Polen empfinden, in zweiter Linie erst für Deutschland. Sicher eine Art Schizophrenie. Hochempfindlich, wenn jemand mein Polen angriff. Wolfgang verstand mich, er begriff meine tiefe Melancholie, mein Überschwappen an Freude. Er wußte, daß ich in Disharmonie keine Luft mehr bekam. Ich danke Dir für vier wunderbare Jahre, sie wiegen ein Leben auf. Dann 1940 Uwe, Dich kleines Bündelchen, was mit viel Tränen erwartet wurde, habe ich genau so heiß und innig geliebt, wie mein Bärbelchen. Du wurdest ein stilles, sehr nachdenkliches kleines Menschlein, immer im Schatten Deiner temperamentvollen Schwester, die stets Umtrieb um sich her schaffte, bedenkenlos und gläubig auf alle Mitmenschen zugehend.

Zwei kleine Menschenkinder, völlig konträr, aber von einer intensiven Zuneigung zueinander. Ich hatte oft das Gefühl, daß Uwe schon als Kleinkind versuchte, die Welt zu ergründen, was in ihr vorging, immer sehr verschlossen, skeptisch allen Mitmenschen gegenüber, und es dauerte lange, bis Du Zutrauen faßtest. Ganz deutlich wurde diese Art als Euer Vater im Juli 1942 Urlaub hatte. Beide gucktet ihr etwas erstaunt auf diesen Fremden (für Euch) Soldaten. Als ich dann sagte, es ist Euer Papi, rannte Bärbel überglücklich in seine Arme und war nicht mehr zu bremsen. Nur unser Uwe tat keinen Schritt, unbeweglich blieb er mit auf den Rücken verschränkten Händchen stehen und sah äußerst mißtrauisch auf diesen Mann. Dann machte das kleine Kerlchen eine Kehrtwendung und verschwand. Nach drei Tagen endlich war der Bann gebrochen und der Papi hatte seine beiden Kinder.«

Ich unterbreche die Lektüre. Und grabe nach Erinnerungen. Es gibt eine Fotoserie über diesen Urlaub. Kleine Fotos mit gezacktem Rand. Auch ein Foto von meinem Vater und mir. Erinnerungen an den Garten in Danzig, auf dem Stolzenberg. Ein kleines Häuschen, zwei Gänse, genauer eine Gans und ein Ganter, vor dem die Kinder einen Heidenrespekt hatten. Es war das Haus meiner Großeltern und unser Zuhause. Es muss ein herrlicher Sommer gewesen sein. Lachende Kinder, fast immer ernste Erwachsene, ein Sommer mitten im Krieg. Mit besonderer Zuneigung erinnere ich mich an meinen Großvater, liebevoll Otti genannt. Ein eleganter, schlanker Mann. Er hatte im Gegensatz zu seinen Brüdern im Grenzgebiet zwischen Polen und dem Reich sich für die deutsche Staatsbürgerschaft entschieden. Seine Mutter war Polin, sein Vater Deutscher, ein ehrbarer Handwerker. Er selbst sprach fließend Polnisch, es war ja seine Muttersprache. Er hat seine polnischen Wurzeln nie verleugnet. Ein gläubiger Katholik, der seine Gebete auf Polnisch verrichtete, und wir Kinder hörten dann fasziniert die fremde Sprache. Wenn er rechnete, dann murmelte er ebenfalls polnische Zahlen. Er hatte es bis zum Chefeinkäufer eines großen Kaufhauses gebracht. Eine steile Karriere, die als Schreiber in einem Anwaltskontor in Polen begonnen hatte. Sein Schriftbild war von derartiger Ästhetik, dass ich es selbst als kleiner Knirps bewunderte.

Meine Schwester war vor allem fasziniert davon, dass die Mutter meines Großvaters einem alten polnischen Adelsgeschlecht entstammte. Immer wieder forderte sie ihn auf, davon zu erzählen. Für sie war das die märchenhafte Erzählung einer großen Liebe, die nicht nach dem Stand des Geliebten fragt. Ich hörte immer nur das armselige Leben heraus, in das diese Liebe gemündet war. Ein karges, freudloses Leben in bitterer Armut. Die Familie meiner Urgroßmutter hatte sich von der Tochter losgesagt, die nicht nur unter ihrem Stand, sondern auch noch einen Deutschen geheiratet hatte. Und genau diese Stärke, sich davon nicht beeindrucken zu lassen, war es, die meine Schwester an dieser Frau bewunderte.

Auch mein Großvater hatte etwas von dieser Stärke. Ein ungemein gradliniger, pflichtbewusster Mann. Er hatte sich mehrfach selbstständig gemacht, und immer wieder wurde alles durch äußere Umstände vernichtet. Zuerst durch den Ersten Weltkrieg, dann kam die Inflation, schließlich der Zweite Weltkrieg. Nichts hat ihn verbogen. Sein christliches, polnisch geprägtes Menschenbild war ein innerer Kompass, der ihn auch in schweren Stunden leitete. Er war es, der Polen für meine Mutter zum Vaterland machte. In ihr fand ich vieles von seiner Schwermut und Melancholie. Auch hatte sie viel von seiner Stärke.

Ich vertiefe mich erneut in ihre 17 Seiten kurze Erinnerung:

»Es waren schöne 14 Tage«, schreibt meine Mutter, »nur ahnte ich nicht, daß es auch die letzten für mich erfüllten Tage waren, daß ich ihn zu mir gehörig nicht wiedersehen würde. Wie gut, daß man von der Zukunft nichts weiß.

Ja, dieser einzige Urlaub, er tat mir gut, er richtete mich etwas auf. Denn mit April 1942 wurde es bei uns chaotisch. Mein Bruder Wolfgang kam zum Erholungsurlaub von der Ostfront, außerdem wollte er sein Lieselchen heiraten. Die kirchliche Trauung war auf den Gründonnerstag festgesetzt, standesamtlich heiratete Wolfgang in Posen. Am Mittwoch wurde mein Vater verhaftet, fadenscheinige Gründe: angeblich Kriegswirtschaftsvergehen, sogenannte Zurückhaltung von Altwaren. Merkwürdig war nur, daß der SD (Sicherheitsdienst, war der Gestapo unterstellt) die Verhaftung vornahm. Durch Freunde in der SS, die wie ich gegen die NSDAP verfängliches Material zusammentrugen, erfuhr ich, daß das erste Verhör am Gründonnerstag, um 9 Uhr sein sollte. Es gelang mir, eine Erlaubnis zu erwirken, an diesem Verhör teilzunehmen.

Kommissar Gleisberg leitete das Verhör, natürlich in Gegenwart eines SS-Mannes als Zeugen. Dauer des Verhörs cirka 3½ Stunden; grauenhaft, erniedrigend, zerstörerisch. Und ich so ohnmächtig, meinem in dieser Situation hilflosen Vater aktiv zu helfen. Nur vor dem Zusammenschlagen habe ich ihn bewahren können und ihn abgehalten, ein vorbereitetes Protokoll zu unterschreiben. Dann wurde er abgeführt.

Um 14 Uhr war die Trauung meines Bruders. Eine Kriegstrauung, grotesk, Wolfgang in Luftwaffen-Uniform, ein Arzt mit hohem Verantwortungsbewußtsein in einer Truppe in Stalingrad, die für diesen verbrecherischen Hitler und Konsorten ihr Leben einsetzen mußte. Es war ein trauriger Beginn des Zusammengehens von zwei jungen Menschen. Wolfgang erhielt noch einmal Genehmigung, seinen Vater zu sehen, bevor er schnellstens nach Stalingrad zurückbeordert wurde. Er ging mit der festen Zuversicht, daß es sich bei dieser Verhaftung um einen Irrtum handeln mußte und sein Vater bald wieder zu Hause wäre. Er hat es nie erfahren, daß das nicht der Fall war.

Im Oktober 42 dann endlich nach zermürbender Einzelhaft und keiner Besuchserlaubnis Verhandlung vor dem Sondergericht unter Vorsitz des brutalsten Richters Großmann, der sich rühmte, die meisten Todesurteile gefällt zu haben. Die Verhandlung dauerte drei Tage. Es waren entsetzliche Stunden und Tage. Ich weiß nicht, woher ich die Kraft nahm, dieses durchzustehen. Armer Franzek, Dich traf es am härtesten. Du begriffst die Welt nicht mehr. Du – und damit wir alle – zu Untermenschen abgestempelt. Antrag des Staatsanwaltes Wolff, zehn Jahre Zuchthaus, Verlust der Bürgerrechte usw. Dann Plädoyer meines Anwaltes, Herrn Weise (später beteiligt am 20. Juli) – Ihnen innigen Dank für Ihre Hilfe. Wir waren beide auf einer Linie. Urteil: zwei Jahre Gefängnis, keine Ausübung eines gehobenen Berufes mehr, abgeführt.«

Ich sinne diesen Zeilen nach. Wolfgang, den Bruder meiner Mutter, kenne ich nur von Fotos. Auch er schlank und groß gewachsen wie sein Vater. Auf keinem Foto sieht man ihn lachen, so als hätte er eine Ahnung, wie sein Leben enden würde: vermisst in Stalingrad. Meine Großmutter hat an die Todeserklärung nie glauben wollen. Bis zu ihrem Tod war sie davon überzeugt, dass er eines Tages vor der Tür stehen würde. Sie erzählte uns immer wieder von ihrem Wolfgang, dementierte mit ihren heiteren Erinnerungen an ihren Sohn die vergilbenden Fotos, die ihn so ernst und gefasst zeigen. Manchen Besuch in der »Barbarina-Bar« in Danzig kramte sie aus der Erinnerung hervor. Viele glückliche Stunden müssen sie dort verbracht haben, zusammen mit einem lebenslustigen Freund, dessen Name uns immer wieder zum Lachen brachte. Also, Pummel Denkhaus war immer dabei, wenn Mutter und Sohn »plachandern« waren, wie mein Großvater diese Ausflüge in das Danziger Nachtleben nannte. Ursel hatte dafür keine Zeit. Sie hatte ihre Abendtermine als Referentin für Truppenbetreuung in der Außenstelle des Reichspropaganda-Amtes in Danzig. Derweil der Großvater, der zu diesen Ausflügen nicht zu überreden war, uns Kindern zu Hause Geschichten erzählte.

Herbst und Winter 1942. Hier endete das Lebensglück von Franz Alexander Engler, seiner Frau Martha Juliana und ihrer Tochter Ursula, verheiratet mit Wolfgang Heye. Von diesem Zeitpunkt an lief ihr Leben durch einen dunklen Tunnel. Immer wenn sie glaubten, das Ende des Tunnels erreicht zu haben, war das Licht, das scheinbar das Ende dieses dunklen Weges anzeigen sollte, nur ein Irrlicht auf einem weiten Weg.

1942 endete nicht nur das Lebensglück meiner Familie. Zeitgleich, wie es unter anderem die von manchen so angefeindete Wehrmachtsausstellung vielfach belegt, endete das Leben von Abertausenden von Juden im Hinterland der Ostfront. In New York stapelt sich wie an keinem anderen Ort außerhalb Israels das Erinnerungsgepäck. Abertausende, die Deutschland verlassen mussten, hinausgeworfen aus ihrem Land, haben hier eine Zuflucht gefunden. Die Dialekte aller deutschen Landschaften sind hier hörbar. Aber nicht alle sprechen, wenige schreiben, viele schweigen.

In New York nicht auf Spuren dieser Zeit zu stoßen, ist beinahe unmöglich. Kaum dort angekommen, fällt mir ein Buch in die Hände, in dem das Jahr 1942 ebenfalls eine große Rolle spielt. *There Once Was a World*, so der Titel. Es ist die Geschichte des Schtetl Eishyshok in Litauen. Aufgeschrieben von der Historikerin und Professorin an der New York University, Yaffa Eliach. Eishyshoks jüdische Bewohner wurden 1942 von der Wehrmacht ausgelöscht. Ein Massaker, das keiner der 3500 jüdischen Bewohner überlebte. Yaffa Eliach nennt ihr Motiv, die 900 Jahre Geschichte des Schtetl wieder sichtbar zu machen und aufzuschreiben: Sie mochte es nicht zulassen, die Ermordeten »ausgelöscht« zu sehen. Sie wollte den Toten von Eishyshok die Erinnerung an ihr Leben zurückgeben. Ihre Fotos und ihre Geschichten, die sie in allen Kontinenten aufspürte und sammelte, sind im Holocaust-Museum in Washington zu sehen. Dort steht, von ihr erdacht und aufgebaut, »The Tower of Life«.

Wenn ich in diesem Buch lese und die Schreie der Verzweifelten zu hören meine und die rastlose, unendlich mühsame Arbeit von Yaffa Eliach bewundere, die Ermordeten wenigstens in der Erinnerung wieder auferstehen zu lassen, dann packt mich erneut der ganze Jammer, den Nazideutschland über Europa gebracht hat. Ich wünsche mir, dass es sein klarer Blick war, der meinen Vater dazu brachte, zweimal zu desertieren. Es würde mir gut tun, zu wissen, dass einer in meiner Familie den Mut hatte, Nein zu sagen. Es würde mir die Hoffnung geben, ich hätte es ihm gleichtun können.

In Danzig litt die Familie unter den Folgen der Verurteilung meines Großvaters. Meine Großmutter hatte einen Nervenzusammenbruch. Sie wurde von ihrem Hausarzt Dr. Ehmke kostenlos behandelt. Auch er ein »Gesinnungsgenosse. Kein Nazi«, wie meine Mutter schreibt. Die Ersparnisse der Familie waren beschlagnahmt, die Bankkonten gesperrt. Besonders hart traf uns der Entzug der Lebensmittelkarten. In dieser Zeit war es allein Ursel, die den Lebensunterhalt für die Familie verdiente. Alle waren auf sie angewiesen, und das sollte die kommenden 20 Jahre auch so bleiben.

Ich lese weiter in dem kleinen Traktat, mir zugeeignet, mit der stillen Aufforderung zu entziffern, was sich in und hinter den Zeilen verbirgt. Sie schreibt:

»Es waren keine schönen Jahre, bis Anfang 1944 mein Vater aus der Haft kam. Inzwischen hatte sich auch unser Leben einigermaßen egalisiert, mir haben eigentlich meine Kinder und einige wenige gute Freunde über diese Zeit hinweggeholfen und dazu intensive Arbeit im Rahmen der Truppenbetreuung. Als mein Vater zurück war, normalisierte sich unser Dasein. Er ging für eine Danziger Firma als Leiter der Außenstelle nach Trawiniki bei Warschau. Er war still geworden und innerlich gebrochen.«

Der stille und in sich gekehrte Großvater, der dank seiner polnischen Muttersprache doch wieder beruflichen Anschluss fand, kam wann immer möglich an den Wochenenden oder zu Abstimmungsgesprächen in seiner Firma auf den Stolzenberg, zurück in das kleine Häuschen, wo er seiner Tochter über das Leben im Generalgouvernement für die besetzten polnischen Gebiete Mitteilung machte. Schon vor seinem Prozess hatte ein Ereignis zwischen ihm und Sohn Wolfgang für eine lang anhaltende Entfremdung der beiden gesorgt. Wolfgang, ein junger Arzt, der gerade mit dem Studium fertig geworden war, als er zur Wehrmacht eingezogen wurde, hatte in seinem Zimmer im Haus der Eltern ein Porträt des »Führers« aufgehängt. Anders als seine Schwester hatte er nach anfänglicher Skepsis seinen Frieden mit den Nazis gemacht. Das hatte heftige Debatten zur Folge und kulminierte nun in einem brachialen Wutausbruch meines Großvaters, der das Hitler-Bild von der Wand riss und es zertrümmerte. Erst als Wolfgang aus Stalingrad nach Danzig zu einem kurzen Urlaub zurückkehrte, kam es zu einer Aussprache. Mein Großvater wird ihm wohl erzählt haben, was im Protektoratsgebiet im deutschen Namen für Verbrechen verübt wurden, weil Wolfgang danach das Lachen verlernt hatte.

Für meine Mutter war die Naziherrschaft mit einem weiteren Schicksalsschlag verbunden. Sie hatte 1943 ein Gesuch um Sonderurlaub für ihren Mann eingereicht. »Ich brauchte ihn so dringend«, schreibt sie in ihren Erinnerungen. Dazu lese ich:

»Lapidare Nachricht: W. Heye im Militärgefängnis Wilna wegen Desertion und Wehrkraftzersetzung. Wenige Tage später zum Leiter des RPA gerufen. Aufforderung: sofortige Einreichung der Scheidung, sonst Entlassung, Kinder nie eine höhere Schule besuchen, Auswirkung auf die Haftbedingungen des Vaters usw. usw. Da bin ich feige geworden; Weise, auch mein Anwalt, riet mir, einzuwilligen, da zum damaligen Zeitpunkt keine andere Wahl, da von meinem Verdienst dieses merkwürdige Leben abhing. Scheidung am 6. 12. 43. Hätte ich doch durchhalten sollen? Diese Vorwürfe haben mich jahrelang gequält.«

Im Grunde endet hier das kleine Dokument ihrer Erinnerungen. Offenkundig hat sie es in einem Rutsch durchgeschrieben. Nur mit einem kurzen Satz geht sie über die Flucht im Februar 1945 hinweg: »Die Flucht, sie war furchtbar, aber es traf Millionen. Wieder ein Anfang und eine große Hoffnung, daß sich so etwas nie wiederholen möchte.« Ob sie, von Erinnerungen überwältigt, die Kraft verließ, genauer zu werden, weiterzuschreiben? Ich weiß es nicht. Dennoch sind diese 17 Seiten wie ein spätes Gespräch. Auch wie eine Aufforderung, das Gespräch nicht abreißen zu lassen. Hinter die Zeilen zu kommen und die Bruchstücke meiner unmittelbaren und der vielen geliehenen Erinnerungen zu einem Bild zu formen, das sie zu mir zurückbringt. Eine Aufforderung, ihr und ihrem Leben gerecht zu werden. In Wahrheit hatte sie das Gefäß ihrer Erinnerungen an ein Leben, in dem die glücklicheren Tage in eine Streichholzschachtel zu passen scheinen, nur ein ganz klein wenig gelüftet.

KAPITEL 2

Leben in Danzig

Im Sommer 1996 bin ich nach Danzig gefahren. Mit dem Zug zurück in die Vergangenheit. Im Februar 1945 waren Ursula, ihre beiden Kinder und die Großmutter entgegengesetzt gereist, geflohen vor der anrückenden Roten Armee. Von Fliegerangriffen immer wieder gestoppt, sind sie schließlich halb verhungert in Bad Doberan gelandet. Dies geht mir durch den Kopf, als ich durch eine Landschaft getragen werde, die so viel deutsche und polnische Geschichte birgt. Mit mir reisen junge Polen, steigen zu, wollen wohl zur Ostsee, vielleicht, denke ich mir, wollen sie auch nach Zoppot, in das bevorzugte Seebad, das in den Erzählungen meiner Großmutter und meiner Mutter immer wieder auferstanden war und das ich auf jeden Fall besuchen will.

Vor dem Danziger Bahnhof ein weiter Platz. Um zu meinem Hotel zu kommen, muss ich durch die wieder errichtete Altstadt. Irgendwie erwarte ich, dass Ursel jeden Augenblick um eine Ecke aus einer der schmalen Gassen kommen könnte. Oder meine Großmutter, Arm in Arm mit Sohn Wolfgang und Pummel Denkhaus, den ich gar zu gern kennen gelernt hätte. Sie alle wandern mit mir zusammen durch die Straßen der Danziger Altstadt. Es ist eine Reise in eine Vergangenheit, an die ich kaum eigene Erinnerungen habe. Ein paar Bruchstücke. Ein Theaterbesuch, es war wohl im Jahr 1944, Weihnachtsoper, es gab *Hänsel und Gretel*. Der schmale Weg vom Stolzenberg hinunter zum Kindergarten. Alles andere ist das Erzählwerk der Familie und das Gedächtnis meiner Schwester.

Ich stehe auf der Altstadtbrücke, die den Fluss Motlau überquert und die Altstadt mit der Speicherstadt verbindet. Von der Brücke blicke ich zum Krantor. In der Auslage eines kleinen Juweliergeschäftes auf der schmalen Uferstraße sehe ich einen Bernsteinring, fast identisch mit dem, den Ursel so gern trug. Sie hatte ihn von ihrer Mutter Martha geerbt, von ihr zärtlich »Meggi« genannt. Ich sehe ihn noch an der kleinen Hand meiner Großmutter, für die der Ring eigentlich zu mächtig war. Es war ein in Silber mit stilisierten Fischen gefasster Bernstein, in dem eine kleine Fliege gefangen war, eingeschlossen in den Stein, der vor langer Zeit als Harzklecks auf den Boden gefallen war. Irgendwann hatte ihn die Ostsee angespült und einem Juwelier in die Hand gegeben, der daraus dieses kleine Kunstwerk schuf.

Für die schmalen Finger von Ursel war der Ring wie gemacht. Sie mochte Bernsteinschmuck, sie hatte auch eine Brosche und eine Kette aus Bernstein, doch beeindruckt hat mich nur dieser Ring. Ich hatte ihn vor Augen, wenn ich ihre Hände beim Klavierspiel beobachtete. Ihr Anschlag auf die Tasten, weich, voller Intensität. Sie war eine begabte Pianistin. Ursel hatte meinen Vater begleitet, ihm den Korrepetitor ersetzt wie später auch meiner Nenntante Norah, einer Sopranistin, deren Liederabende sie auf dem Klavier begleitete.

Mein Vater war ausgebildeter Opernsänger, ein lyrischer Bariton. Meine Mutter sagte immer »lyrischer Bariton«. Sie spielte meinem Vater die Melodien vor, da er Noten nicht vom Blatt lesen konnte. Ursel konnte es und spielte lässig vom Blatt. Sie probten zusammen seine Partien, die Arien, die er in den Opernhäusern von Döbeln in Sachsen, dem Geburtsort meiner Schwester, und in Reichenberg/Sudetenland, wo ich geboren wurde, singen sollte. Wie schrieb meine Mutter über ihren Wolfgang – »ich danke Dir für vier wunderbare Jahre, sie wiegen ein Leben auf«. 14 Tage dieser vier Jahre spielen hier in

Danzig. Auch sie werden damals auf dieser Brücke gestanden haben, zärtlich umfasst, den Blick zum Krantor gerichtet. So wie ich werden sie zum Anleger geschlendert sein, um auf den Ausflugsdampfer zu warten, der nach Zoppot und Schulau schippern würde. Und noch im Nachhinein, erst recht, nachdem ich ihre 17 Seiten gelesen habe, nehme ich sie in Gedanken mit auf das Schiff, das mich nach Zoppot bringt.

Wolfgang in Zivilkleidung mit offenem Hemd und Pullover, so ist er jedenfalls auf einem Foto zu sehen, im Dünengras von Zoppot. Ohne die verhasste Uniform, die ihn dazu trieb, zu desertieren, sein Leben wegzuwerfen, weil er sein Künstlerleben nicht leben durfte. Er könnte ihr auf dem Schiff offenbart haben, was ihn innerlich bewegte und ängstigte. Zwischen den Zeilen meiner Mutter lese ich, dass er wohl geschwiegen hat. Vielleicht wollte er den Zauber dieses Augenblicks, als der Krieg für ihn eine kurze Pause machte, nicht zerstören. »Ja, dieser einzige Urlaub«, heißt es dazu in der kleinen Chronik, »er tat mir gut, er richtete mich auf.« Wie muss sie diese Stunden genossen haben. Als sie dies aufschrieb in ihren späten Jahren, erinnerte sie sich an eine andere Ursel, gerade 32 Jahre alt. Schon damals, so ist auf dem vermutlich mit ausgestrecktem Arm selbst aufgenommenen Foto zu erkennen, auf dem nur die Köpfe zu sehen sind, gelang es Ursel nicht, ihre Haare zu irgendeiner Frisur zu bändigen. Sie waren strähnig und glatt, wenn es ihr schlecht ging; waren sie locker und wellig, ging es ihr gut. Auf dem Foto im Dünensand ist eine verliebte und übermütige Ursula mit Wuschelkopf zu sehen. Wolfgang war ihr sensibler, verständiger Geliebter, der ihr die Zärtlichkeit gab, die sie brauchte und von der sie viele Jahre zehren sollte.

Nein, es war wohl kein Platz für seine Wahrheit, kein richtiger Moment in diesem so knapp bemessenen Zusammensein der beiden. Sie sollte sie ein Jahr später wie einen Keulenschlag treffen. Es wäre besser gewesen, er hätte geredet.

Der kleine Dampfer tuckert an der Danziger Werft vorbei, in der die Hafenarbeiter mit dem späteren polnischen Staatspräsidenten Lech Walesa an der Spitze den Widerstand probten und »Solidarność« geboren wurde. Ich sehe das Mahnmal für die in jener Auseinandersetzung mit dem herrschenden Regime getöteten Arbeiter. Und denke daran, wie hoffnungslos unterschätzt diese Bewegung bei der Linken in Deutschland war. Sie wurden nicht ganz ernst genommen, die proletarischen Kämpfer aus Polen, die für eine humanere und gerechtere Ordnung eintraten. Ihr Leitbild war mehr die Bergpredigt und weniger Karl Marx. Ihre ostentative Gläubigkeit, die ihnen zugleich auch Schutz gab, irritierte wohl nicht nur in Deutschland die der eigenen Kirche entfremdete Öffentlichkeit.

In der deutschen Sozialdemokratie standen vor allem die Erfahrungen mit dem 17. Juni 1953 und der Mauerbau am 13. August 1961 quer zu den Oppositionsströmungen im Ostblock. Sie waren prägend – und die daraus gezogene Lehre war, nichts zu tun, was die Repression gegen das Volk noch verschärfen könnte. Man kegelte also lieber mit dem Teufel, um Erleichterungen für die Menschen auszuhandeln und bezog nur dann die über lange Jahre nicht bemerkbare Opposition mit ein, wenn das garantiert schadlos war. Diese Haltung machte wohl eine Zeit lang blind für die tatsächliche innere Entwicklung im Ostblock. Die Entspannungspolitik, an der die SPD großen Anteil hatte, aber hatte Luft geschaffen, freiheitliche Luft, die der Opposition in der damaligen Tschechoslowakei, in Polen, in Ungarn aufhalf und sie in Bewegung brachte.

Die SPD hatte den Erfolg der eigenen Politik fast verschlafen. Ich konnte mit Willy Brandt mehrfach darüber sprechen. Er hatte mich 1974 in das Kanzleramt holen wollen, und ich blieb bei meiner Zusage, für ihn zu arbeiten, auch als er als Kanzler zurücktrat, aber SPD-Vorsitzender blieb und in den Parteivorstand, die »Baracke«, wechselte. Er hatte die Entwicklungen als Erster gesehen und glaubte an die Möglichkeit einer großen Wende. Jedenfalls bei der Bürgerrechtsbewegung in der DDR wollte er rechtzeitiger »an Deck sein«, wie er es nannte.

Meine Mutter war noch vor dem Zusammenbruch der Sowjetunion in ihr geliebtes Polen nach Danzig gereist. Sie fuhr mit dem Schiff von Kiel über den Sund in den Hafen und hat uns begeistert und voller Stolz von dem Wiederaufbau der Stadt erzählt. Stolz, weil ihre »halben« Landsleute die Architektur der alten Hansestadt meisterlich rekonstruiert und damit auch das deutsche Erbe wieder sichtbar gemacht hatten.

Endlich sehe ich die lange Seebrücke von Zoppot, das alte Seebad im alten Glanz. Ich lasse mich im Strom der Passagiere, die hier an Land gehen, über die Brücke treiben. Rieche die See, diese wunderbare, brackige Luft. Spüre Wurzeln und freue mich daran, Zoppot so vorzufinden, wie es die geliehenen Erinnerungen mir in Bildern vorgezeichnet haben. Irgendwie bin ich zu Hause. Jedenfalls lichten sich in diesem Augenblick einige der dunklen Schleier, die meine Kindheitserinnerungen verhüllt haben. Ich kann riechen, schmecken und anfassen, was mich, meine Eltern, Schwester, Großeltern einst umgeben hat. Eine gute Erfahrung.

Schuhe aus, Hose hochkrempeln, am Strand entlangwandern, sich vorstellen, hier als kleiner Knirps im nassen Sand gemanscht und Burgen und Wasserschlösser gebaut zu haben. Die Füße eingebuddelt, von meiner kleinen, wuscheligen und seligen Schwester etwas von ihrem Eis abbekommen, weil ich meins natürlich schon aufgeschleckt hatte. Und, statt einer Grimasse, von ihr noch ein Küsschen ergattern. In Danzig und vor allem in den Jahren danach war uns diese Geschwisterliebe ein stabiles Schiff, das uns auch in schweren Zeiten Sicherheit gab. Und ich sehe Mutter und Großmutter vor mir, mit uns am Strand, in Zoppot und Oliva. Oma, damals eher rundlich und gerade eineinhalb Meter hoch in einem luftigen Kleid, Ursula im zweiteiligen Badeanzug, fast einen Kopf größer als ihre Mutter, schlank und rank. So sind sie auf Fotos festgehalten, und so werden sie hier, in Danzig, zu lebendigen Bildern.

Ich wandere langsam zur Seebrücke zurück und denke an das kleine Fotoalbum, das – Wunder gibt es doch – erhalten geblieben ist. Es dokumentiert jene 14 Tage Urlaub meines Vaters in Danzig, mit Texten meiner Mutter, so liebevoll, intim und herzzerreißend, dass ich einen Moment stehen bleiben muss.

In diesem kleinen Album, mit zarten Worten ausgestattet, schwingt die Liebe meiner Mutter zu ihrem Wolfgang und in jeder Zeile eine künftiges Leid vorwegnehmende Wehmut. Dieses Album ist wie eine Droge. Einmal gelesen, kann ich nicht von ihm lassen. Es endet mit der Zeile »Wolfgang und ich, endlich allein«. Sie werden sich geliebt haben, wo immer das möglich war, irgendwo am Strand, ahnungsvoll und sehnsüchtig, vielleicht vorausahnend, vielleicht auch nur dem Augenblick hingegeben, ohne zu denken, nur Begierde und Glück. So sehr wünsche ich ihr noch heute, dass dieser Augenblick dieses selige Abtauchen war, Abtauchen in den Urgrund ihres Seins, in dem nur eines wichtig ist: Vereinigung.

Ich wandere zurück zur Brücke, auf der krachende Rockmusik die Köpfe spaltet. Massige Lautsprecher beschallen eine im Rhythmus zuckende Menschentraube vor einer mit einem Zelt überspannten Bühne, auf der zwei Rennwagen, italienisches Design, rote Lackierung, aufgebaut sind. Wer will, kann einsteigen und auf einem Bildschirm im Cockpit seiner kurvenreichen Rennstrecke folgen, die auch auf eine Leinwand übertragen wird, auf die das Publikum gebannt schaut. Die jungen Rennfahrer sind so fasziniert, dass ihnen kaum mehr bewusst wird, dass dies alles nur Illusion ist.

Ein kurzer Ausflug in die elektronische Kunstwelt, dann ist das Leben wieder ganz real. Die gerade errungene Freiheit in Polen hat viele in das Land gespült, die auf diesem Markt

Geschäfte wittern, große oder kleine. Und ganz Polen scheint auf den Beinen, um die neuen Möglichkeiten auszuprobieren. An den Landstraßen werden Steigen mit Pfifferlingen angeboten. Tschernobyl lässt grüßen; in Deutschland ergeben die Tests noch immer eine strahlende Belastung. Und in den Straßen drängt sich das Leben, Stände, Marktschreier, Ramsch und Kunsthandwerk, alles nebeneinander. Alles in Bewegung. So sieht es aus in einem Land, das sich ausprobiert. Man macht sich daran, bislang akzeptierte Begrenzungen aufzuheben. Eine Dynamik, hätte meine Mutter gesagt, hätte sie dies denn sehen können, da werdet ihr euch noch wundern.

Zurück auf dem Schiff, das mich in der Abendsonne wieder nach Danzig bringt. Wir gleiten leise an der Werft vorbei, der Dampfer treibt mehr, macht wenig Fahrt. Die Schraube muss langsam drehen, um Wellen zu vermeiden, die das Ufer beschädigen könnten. Das Krantor wird sichtbar. Genau so war es auf einem Stich zu sehen, der bei uns zu Hause in einem schmalen, braunen Rahmen an der Erinnerungswand hing, in Rostock, später dann auch in Hamburg und viele Jahre danach in Mainz. Das Krantor, so wie es jetzt langsam auf mich zukommt, daneben die Bogengänge in die Altstadt, zum Neptunbrunnen, zu den prachtvollen Giebelhäusern der alten Patrizier, hinein in die Geschichte dieser prächtigen Stadt am Baltischen Meer, von niemandem schöner beschrieben als von Günter Grass.

Irgendwo auf dem Weg in die Altstadt habe ich eine Zweitausgabe von Tulla Pokriefke gesehen. Spindeldürr, wenig Busen und doch mit großer erotischer Ausstrahlung in Gang und Bewegung, wie sie Günter Grass in seiner Danziger Trilogie gezeichnet hat. Jetzt wandert neben Großmutter und Großvater, Mutter und Schwester, Onkel Wolfgang und Pummel Denkhaus auch Tulla mit mir durch die Danziger Gassen. Ich höre sie vor und hinter mir, höre ihr Lachen und ihre Stimmen. Sie sind bei mir und ganz weit weg. Günter Grass und seine Tulla.

Immer wieder taucht sie in seinen Erzählungen auf, selbst im *Krebsgang* ist sie wieder da. Ein bisschen verbogen, irgendwie zermahlen im Zeitenstrom und nicht mehr meine Tulla. Eine andere, die vielleicht mit Befremden auf das Mädchen zurückschaut, das sie einmal war. Nein, für mich gab es in Danzig nur die junge Tulla, zumal Meister Grass den *Krebsgang*, über den Untergang des Kraft-durch-Freude-Dampfers »Gustloff« in diesem Sommer 1996 noch gar nicht geschrieben hatte. Ich hatte sie also noch, die unverfälschte, spindeldürre, fabelhaft tauchende, erotische Tulla Pokriefke aus der Phantasiewelt – oder doch realer Erinnerung ? – des Meisters aus Danzig.

Abendessen in einem Restaurant neben dem Neptunbrunnen, Plattfisch mit Speck. Ich gehe in ein Kellerlokal mit Jazz, einer Musik, die Polen schon lange erobert hat. Zurück in mein Hotel. Einschlafen bei offenem Fenster, lange den eindringenden Geräuschen zuhören, Gesprächsfetzen, ein Lachen irgendwo. Ein Traum von Tulla, die nun aussieht wie Ursel und wieder Tulla wird. Das Lachen von Pummel Denkhaus, der sehr verschwommen zu sehen ist, nicht wirklich zu erkennen, im Schatten von Wolfgang, Ursels Bruder. Ihn hätte ich gern genauer betrachtet.

Ich habe mir einen Leihwagen genommen, der mich am nächsten Tag an der Ostseeküste entlang über Stettin nach Deutschland bringt. Wo immer ich Halt mache, quirlige Geschäftigkeit. Neue oder renovierte Hotels in alten Badeorten. Nirgendwo komme ich mir fremd vor. Backsteinkirchen, viel deutsche Geschichte. Eine Landschaft mit Wäldern und Alleen, wie sie auch zwischen Bad Doberan und Warnemünde zu finden ist. Drei Fragen beschäftigen mich auf dieser Fahrt. Wie kam Ursels Anstellung beim Reichspropaganda-Amt, Außenstelle Danzig, zustande? Zweite Frage, die ich mir nach der Lektüre ihrer kleinen Chronik stelle: Was war das für ein Material, das sie über die NSDAP sammelte und für wen? Dritte

Frage, die Truppenbetreuung: Was hörte sie von den Landsern, vornehmlich wohl Marinesoldaten, über den Verlauf des Krieges? Auf der Suche nach Antworten finde ich nur wenige Puzzleteile, die kein ganzes Bild ergeben können.

Die Arbeit bei der Truppenbetreuung bot durchaus Raum für künstlerisches Engagement – und das war es wohl, was Ursel gereizt hat. Schon als junge Frau in Berlin hatte sie Theaterluft geschnuppert, hatte sogar selbst auf kleinen Bühnen, die es in der Metropole zuhauf gab, eigene Auftritte gehabt, über die sie uns Kindern mit gespielter Amüsiertheit erzählte. Für sie war das Theater immer auch ein Stück eigener Sehnsucht. Ich habe sie Klavier spielen hören, mit großer Musikalität. Ich vermute, dass sie gern Musikerin, vielleicht Sängerin oder Pianistin, vielleicht beides, geworden wäre.

Für sie waren ihre beruflichen Versuche nach der Internatsschule bei den Ursulinen nahe Osnabrück wohl immer nur Provisorien, Durchgangsstationen, die sie zu ihrem eigentlichen Ziel führen sollten. Ob als Laborantin in der Zuckerfabrik in Stralsund oder als Sprechstundenhilfe und Sekretärin des »Wöchnerinnenheims am Urban« in Berlin, deren Chefarzt ihr ein Zeugnis ausstellt, das wie alle Zeugnisse, die erhalten sind, ihre große Offenheit, ihre ausgeprägte Menschenfreundlichkeit und ihre zupackende Intelligenz beschreibt.

Es war also gar nicht verwunderlich, dass sie sich in Berlin in den angehenden Opernsänger Wolfgang Heye verliebte. Er arbeitete für sich an einer Zukunft, die auch für sie selbst denkbar gewesen wäre. Ihre Stimme, ein sanfter Sopran, war schön anzuhören und hätte nach guter Ausbildung jedem Operettentheater Ehre gemacht. Hatte ihr möglicherweise ein guter Geist aus der Berliner Zeit die Türen in Danzig geöffnet, ein Bekannter, der in der von Goebbels geleiteten großen Agentur zur Verführung der Menschen Unterschlupf gefunden hatte?

Jedenfalls begegnete sie dort allen großen Unterhaltungskünstlern dieser Jahre, auch allen, die in den Studios in Babelsberg vor der Kamera standen, um dann und wann, wenn das Goebbels-Ministerium es forderte, auf Tournee zu gehen, um den überlebenden, verwundeten Landsern ein paar Stunden Heimatseligkeit vorzugaukeln. Von Lilli Marleen der Lale Andersen bis zu den Durchhaltesongs der großen schwedischen Diseuse Zarah Leander, die in die begeisterten Ohren der Soldaten und der Heimatfront die Hoffnung sang: »Ich weiß, es wird einmal ein Wunder gescheh'n.«

Diese Unterhaltungsabende für verwundete Landser und natürlich zur Stärkung der Moral an der Heimatfront waren auch im Radio zu hören, über die Volksempfänger kamen sie in die Wohnstuben, soweit diese nicht schon unter dem Bombenhagel der Alliierten zu Staub zerfallen oder in Rauch aufgegangen waren. Ich hörte oft meine Mutter von Heinrich George schwärmen, dessen Bühnenpräsenz auch an solchen Abenden überwältigend gewesen sein muss. Und nach der Vorstellung war stets ein Tisch in einem nahen Restaurant reserviert. Ursel war auch für die Rundumbetreuung der Künstler zuständig. Wer weiß, ob sie sich trauten, offen zu reden, auch über die Kolleginnen und Kollegen, die Deutschland verlassen mussten, so sie denn konnten. Gab es Trauer über diesen großen Verlust an künstlerischen Begabungen? Ob ihnen klar war, dass das Deutsche Reich dabei war, kulturell zu verdorren nach dem Verlust des jüdischen Teils seiner Kultur, ohne den sie nie zu der Reife gelangt wäre, die in aller Welt Bewunderung und Bewunderer fand?

Von den Soldaten dürfte Ursel manches gehört haben, was ihren Hass auf das Regime verstärkt haben wird. Es wird genügend Hinweise gegeben haben, auf Massaker wie das in Eishyshok oder vergleichbare Schrecken. Ihre zweite Quelle, ihr Vater, hatte ihr über die barbarische deutsche Besatzungsmacht in Polen erzählt. Seine Fassungslosigkeit wurde ihre Verzweiflung. Seine Verurteilung, die auf einer Denunziation eines »Deutschen« ohne polnische Wurzeln beruhte, der dann auch prompt in Großvaters frei gewordene Stellung aufrückte, schien ihm wie ein schrecklicher Witz angesichts der Verbrechen im deutschen Namen, die ihm von polnischen Gewährsleuten mitgeteilt wurden. In Warschau und Umgebung, wo mein Großvater während seiner Arbeitswoche lebte, war nicht zu übersehen, wie die deutschen Besatzer wüteten. Ob er ahnte oder wusste, was im Warschauer Ghetto vorbereitet wurde?

Die beiden, Ursel und ihr Vater, dort in dem kleinen Haus auf dem Stolzenberg in Danzig, wussten, in welcher Eiswüste sie lebten. Sie hatten mehr als nur Ahnungen, wenn auch kein gesichertes Wissen, wie Ursel beteuerte, über die Maschinerie, die etwa im Konzentrationslager Stutthof bei Danzig in Gang gesetzt war.

Es gibt kein richtiges Leben im falschen, hat Adorno gesagt. Wie lebt man mit dem Hass gegen ein Unrechtsregime, für das man zugleich arbeitet und damit auch selbst zu seiner Lebensdauer beiträgt? Eine Frage, die sich nicht nur rhetorisch stellt. Ursel hat sie für mich auch dadurch beantwortet, dass sie unsere Nachfragen nie abgetan hat. Nie hat sie einen Zweifel an ihrer Haltung zugelassen. Sie hat uns, meiner Schwester und mir, die eigene Geschichte nahe gebracht und uns angeregt, unsere Schlüsse zu ziehen. Ihr eigenes Leben in dieser Zeit hatte nichts Heldenhaftes. Das war keine Kategorie, die sie für sich beansprucht hätte.

Was meinte sie also, als sie schrieb, »Material über die NSDAP gesammelt«? Es können die Berichte gewesen sein, die ihr Vater aus Polen mitbrachte, Nachrichten aus dem Generalgouvernement. Auch Informationen, die sie von Soldaten erhielt. Und für wen hat sie Material gesammelt, an wen hat sie es weitergereicht? Es könnte Dr. Weise gewesen sein, ihres Vaters und ihr Anwalt, der »Gesinnungsfreund«, der dem Umfeld der Hitler-

Attentäter des 20. Juli angehörte und deshalb ins Gefängnis kam. Vielleicht war er der Bote, der weiterleitete, was aus Danzig berichtet wurde.

Mit diesen Fragen, Vermutungen und halben Antworten setze ich das Gespräch fort, das Ursel mit ihren 17 Seiten mit mir begonnen hat. Ihren Zeilen auf den DIN A5-Seiten sind keine eindeutigen Antworten zu entnehmen, ich finde aber auch kein Dementi auf meinen Versuch, dennoch Antworten herauszulesen.

Und mein Vater in dieser Zeit: Gerichtsakten geben Teilantworten. Ich weiß, er ist zweimal desertiert. Im Militärgefängnis in Wilna saß er in Untersuchungshaft. Wegen Desertion und Wehrkraftzersetzung wurde er verurteilt, es war kein Todesurteil, aber etwas, was dem nahe kam: Feldstraflager. Strafbataillon. Nicht viele haben das lebend überstanden. Und wenn, dann kamen sie als Wracks zurück, physisch und psychisch aufgerieben, zerbrochen an der Marter des Krieges. In der Gefängniszelle in Wilna wird mein Vater über dieses Leben, das er nicht wollte, wie über das Leben, das er nicht leben durfte, nachgegrübelt haben. Desertion und Wehrkraftzersetzung, so lautete die Anklage. In mörderischen Zeiten aussteigen aus der Pflichterfüllung für ein mörderisches System, das war so oder so eine mutige Tat.

Strafbataillon. Es gibt Berichte über diese Spezialeinheiten für unwürdige Soldaten. Zu diesem Zeitpunkt hatte das Kriegsglück Hitler längst verlassen, Stalingrad läutete das Ende ein. Unter den Toten im Kessel auch der andere Wolfgang, mein Onkel, der Arzt von Stalingrad, der irgendwie an den Führer geglaubt hatte. Rückkehrer aus der Gefangenschaft, auf die meine Großmutter stieß und die ihn damals noch gesehen haben, berichten, dass er sich geweigert hatte, ausgeflogen zu werden aus dem Kessel. Er wollte seine verstümmelten, schwer verletzten Patienten nicht im Stich lassen. Dann verliert sich seine

Spur. Zur selben Zeit räumt Wolfgang Heye mutmaßlich Minen. Er verlor dabei nicht sein Leben, aber seine Stimme. Der Gesang brach ab, war vorbei, hallte nur noch in den Erzählungen meiner Mutter nach.

Ob diese Zeit für Wolfgang noch Raum für Tagträume aus einem anderen Leben ließ? In Berlin haben sich meine Eltern kennen gelernt, das war Ende der Dreißiger noch die liberale Stadt mit Schnauze, mit dem Kabarettisten Werner Finck, den sie verehrte, mit den Rhythmikern von Teddy Stauffer auf der Bühne des Wintergartens. Es dauerte offenbar lange, bis die Nazis die letzten Nischen dieses untergehenden Berlin ausgeräuchert hatten, zugestellt mit ihren lebensfeindlichen Parolen, mit diesem stupiden Stechschritt und den einfachen Antworten, die nur Schwarz und Weiß kannten und für Zwischentöne nur noch Gelächter übrig hatten. So ausgeweidet war sie dann schließlich auch, die Stadt Berlin, und wurde zur Topographie des Terrors.

Ursel und Wolfgang lebten noch in den kleinen Zirkeln des anderen Berlin, wo sie heirateten, Standesamt Lichterfelde. Dann das erste Engagement 1938/39 in Döbeln in Sachsen und in der darauf folgenden Spielzeit das Engagement in Reichenberg. In der einen Saison wurde die Tochter, in der nächsten der Sohn geboren. Die Bühne in Reichenberg, sagte meine Mutter immer, war das Sprungbrett nach Wien. Als ich dort bin, um ihre Spuren zu suchen, scheint mir das Sprungbrett nach Dresden plausibler. Ein kleines Theater jenseits des Marktplatzes. Es steht völlig unversehrt da, ein klassizistischer Bau. Ich bin sehr zufrieden, dass es meine Geburtsstadt wirklich gibt. Zu oft hatte ich, wenn ich nach meinem Geburtsort gefragt wurde, hören müssen: Reichenberg, wo liegt das denn? Auch meine stereotype Zusatzinformation, Reichenberg/Sudetenland, Liberec heißt es jetzt, brachte den Frager selten weiter. Später dann eher die Reaktion: »Ach so, Vertriebener.« Also gab ich es auf, Reichenberg ins Spiel zu bringen, wenn mich jemand fragte, woher ich komme. Wurzeln hatten wir dort ja auch keine. Dann kam von mir höchstens noch ein etwas ungenaues »Norddeutschland«, und auf weitere insistierende Nachfragen murmelte ich manchmal »Danzig« oder auch »Hamburg«, und schon waren die Frager zufrieden.

Aber 2001 reise ich nach Liberec, ins ehemalige Reichenberg, und ich spüre zwischen mir und dem Theaterbau eine traute Gemeinsamkeit. Wir wissen etwas voneinander. Ich gehe um das Haus herum, am Bühneneingang vorbei. Theaterferien, alles zu. Rechts vom Eingangsportal eine Litfaßsäule mit dem Ankündigungsplakat für die neue Spielzeit. Eröffnung mit der guten alten *Fledermaus*. Johann Strauß in Reichenberg. Auf dem Plakat fehlt eigentlich nur noch der Name meines Vaters. Links vom Theatergebäude, direkt gegenüber, ein wunderbares altes Kaffeehaus, Gründerzeitarchitektur, eingerichtet mit großen verspielten Spiegeln, Stühlen, Tischen und Lampen, die ebenso stilecht Art Deco sind wie die Glasvitrinen, in denen der Kuchen präsentiert wird, so als wäre er gerade aus einer Wiener Backstube ins Regal gewandert. Das ganze Lokal ein kleines Stück Österreich und k.u.k.-Vergangenheit. Also doch eher »Sprungbrett nach Wien«?

Hier – vielleicht an diesem Tisch – haben sie gesessen, vor oder zwischen den Proben, vielleicht auch nach der Aufführung. Ganz sicher war dies ihr Café. Ursel und Wolfgang. Der Krieg im zweiten Jahr. Meine Schwester wird dabei gewesen sein, im Kinderwagen, murrend oder fröhlich, vielleicht schlafend. Ursel erneut schwanger. Waren sie angesteckt von den Siegesfanfaren, dem Triumphgeschrei von Hitlers Bannerträgern, täglichen Sondermeldungen über Vorstöße, Frontbegradigungen und den Feinden, die sich vergeblich den siegreichen deutschen Truppen entgegenstellten, oder erschreckte sie dieser nationalistische Taumel? Wenn ich alles zusammennehme, wohl eher Erschrecken.

Auch meine Mutter wird damals eigenen Träumen nachgehangen haben. Den Gedanken an eine eigene Karriere hatte sie noch nicht aufgegeben, aber erst mal zurückgestellt. Jetzt mit einem, später zwei Kindern war es ihr ausreichend, unersetzliche künstlerische Hilfe für Wolfgang zu sein. Dass sie zuvor nicht zielstrebiger auf eine eigene künstlerische Laufbahn zugegangen ist, lag wohl daran, dass so etwas in der Kaufmannsfamilie Engler nicht vorgesehen war. Vielleicht hatte sie auch nicht den Mut, mit ihrem Vater und ihrer Mutter darüber zu reden. Oder die Zeiten waren einfach nicht danach.

Ursel, am 14. März 1913 in Lübeck geboren, aufgewachsen im Ersten Weltkrieg und den Nachkriegsjahren, in denen der Umbruch vom wilhelminischen Großreich in die neue Republik so fatal misslingen sollte. Sie war durchaus stolz darauf, in der Stadt Thomas Manns geboren und – was ihr später noch wichtiger war – aus derselben Stadt gebürtig zu sein wie Willy Brandt. In ihm vor allem sah sie das neue Deutschland personifiziert, auf das sie Hoffnungen setzte vor allem für ihre Kinder.

Aber damals in Lübeck nach dem Ersten Weltkrieg war das Land, waren seine Menschen weit entfernt von einer Haltung, die aus dem verlorenen Krieg die richtigen Schlüsse hätte ziehen können. Die Dolchstoßlegende überwucherte das Denken in der von schroffen Gegensätzen geprägten Gesellschaft und verhinderte nach dem verlorenen Krieg den gemeinsamen Aufbau der Republik. Die Linke war gespalten in Sozialdemokraten und Kommunisten und in viele Splittergruppen, die jede für sich dogmatisch und kompromissunfähig auftraten. Hasserfüllter im Umgang untereinander als gegen jeden der mächtigen Feinde, wurden auch sie zu Totengräbern der Republik, die allein ihnen hätte Schutz geben können. Ursel hat von diesen Kämpfen sicher nichts gewusst, sie war ein Kind. Die Sympathien für die Sozialdemokraten hatte man ihr in die Wiege gelegt. Ihr blieb in lebendiger Erinnerung, »wie man dem Ebert mitgespielt hat«, so einer ihrer Sätze. Eigenes politisches Interesse war erst geweckt worden, als sie längst aus Lübeck weggezogen waren und in Stralsund lebten, wo ihr Vater zu Beginn der 20er Jahre ein eigenes Geschäft gegründet hatte.

Mein Großvater Franz Alexander Engler hatte meine Großmutter in Rostock kennen gelernt – sie arbeitete an der Kasse, er im Einkauf des großen Kaufhauses in der Hansestadt, bevor sie nach Lübeck zogen. Dort haben meine Großeltern am Vorabend des Ersten Weltkriegs die begeisterten Zuschauermassen am Straßenrand erlebt, als die Soldaten durch die Stadt marschierten. Immer wieder ist dieser Jubel beschrieben worden, dieses wilhelminisch schnarrende »Ich kenne keine Parteien mehr«, als auch die sozialdemokratische Reichstagsfraktion in ihrer Mehrheit für die Kriegskredite stimmte.

Welch eine Niederlage. Zugleich, welch ein Kainszeichen für die Sozialdemokratie, das ihr auch aus den eigenen Reihen immer wieder vorgehalten werden sollte. Die zerrissene Linke kämpfte teils für, teils gegen die junge Republik. »Republik, das ist nicht viel, Sozialismus ist das Ziel«, war eine der agitatorischen Parolen. Die SPD kämpfte vergeblich gegen das linke Sektierertum. Der historische Makel, zur Kriegspartei geworden zu sein, führte unter anderem auch dazu, dass die große Sozialdemokratische Partei so wenig Integrationskraft auf der Linken des politischen Spektrums entwickeln sollte, bis schließlich die Weimarer Demokratie zerbröselte.

Willy Brandt, wie er sich später nennen sollte, war ein Sohn der Stadt Lübeck. Als Herbert Ernst Karl Frahm unehelich geboren und aufgewachsen, stand er an der Spitze einer der linken Splittergruppen, der SAP, um der Linken Beine zu machen. Nein, sie waren sich damals nicht begegnet, wiewohl fast derselbe Jahrgang: Herbert Ernst Karl und Ursula Martha Juliana. Der proletarische Sohn und die hanseatische Kaufmannstochter, da hätte schon ein großer Zufall spielen müssen, damit sich ihre Wege kreuzten. Viel später, nach der nächsten grauenhaften Erfahrung des Zweiten Weltkriegs, sind sie sich dann einmal über den Weg gelaufen.

Ursula in Lübeck. Wenig weiß ich aus ihren frühen Kindertagen. Die Familie zog Anfang der Zwanziger nach Stralsund, wo sich ihr Vater mit dem Einrichtungshaus Engler selbstständig gemacht hatte, Spezialität Stoffe und Gardinen. Ein Foto: Ursula und ihr Bruder Wolfgang mit einem Schäferhund. Ein anderes zeigt Ursula wie zum Tanzstundenball herausgeputzt, in langem Kleid aus geblümter Seide. Ein wenig steif steht sie da und posiert für die Kamera. Wirklich wohl gefühlt hat sie sich wohl nicht in dieser Aufmachung. Da war sie 16 oder 17. Eine Lebensphase, in der es an Selbstsicherheit schon mangeln kann. Sie sieht darauf ein wenig ängstlich aus, so wie später ihre Tochter Barbara, die keine Traute hatte, in einem Café oder Restaurant allein zur Toilette zu gehen. Bärbels »Uwi, kommst du mit?«, klingt mir noch immer im Ohr. Und dann wartete ich vor der Toilette, bis sie wieder herauskam, um sie zurück zum Tisch zu eskortieren.

Ob Ursel eine ähnliche Phase großer Ängstlichkeit durchlebt hat? Jedenfalls posierte da ein sehr ernsthaftes junges Mädchen im Blumenkleid. Als so um 1930 das Foto entstand, wird von einer Ehekrise der Eltern erzählt, die fast zur Trennung geführt hätte. Dazu passt ihr ernster Ausdruck. In Stralsund muss es heftige Auseinandersetzungen zwischen den Eheleuten gegeben haben. Es ging dabei unter anderem um die Frage, ob Tochter Ursula ins Internat zu den Ursulinen in die Nähe von Osnabrück geschickt werden sollte. Sie ging ins Internat. Mutter Meggi hatte gewonnen.

Die ostelbischen Junker, die in der Gegend rund um Stralsund auf ihren Gütern saßen, kauften ihre teuren Stoffe und Gardinen gern im Einrichtungshaus Engler. Leider machte sie die Inflation in den späteren 20er Jahren von Großkunden zu

Großschuldnern, der Konkurs meines Großvaters war eine der Folgen. Dennoch gibt es keinen Hinweis darauf, dass meine Großeltern die Kosten für Ursels Internatsausbildung und das Medizinstudium von Wolfgang nicht mehr hätten aufbringen können.

Sohn Wolfgang hatte gewiss eine größere Nähe zu seiner Mutter, Ursula war eindeutig ein Vater-Kind. Es war nicht anders als in anderen Familien auch. Mit viel Arbeit und wohl auch mit Glück gelang es meinem Großvater, die Familie in diesen Jahren über Wasser zu halten. 1933 zogen die Englers erneut um, diesmal nach Danzig, wo Großvater wieder als Einkäufer im Kaufhaus anfing. Ursels Bruder Wolfgang lernte Liesel, seine spätere Frau, kennen, über deren Familie meine Großmutter immer die Nase rümpfte. Als ich Liesel nach dem Krieg in Hamburg kennen lernte, habe ich eine großzügige und sehr warmherzige Frau getroffen. Ich mochte sie, sie war immer noch so knuddelig klein und temperamentvoll, wie Wolfgang sie in Erinnerung gehabt haben mag, als er dann als Stabsarzt in Stalingrad am Operationstisch stand.

In Danzig kaufte die Familie Engler das Häuschen auf dem Stolzenberg und richtete sich ein. Sie war eigentlich hergezogen, um zu bleiben und Wurzeln zu schlagen. Doch als sich das Kriegsjahr 1944 dem Ende zuneigte, schien die Flucht vor der näher kommenden Front die einzige Lösung. Fort aus Danzig, Richtung Westen.

KAPITEL 3

Die Flucht

Im Jahr 1944, als die Siegesfanfaren leiser wurden und die Legenden von der unbesiegbaren Armee lauter, als der »heldenhafte« Widerstand an den verschiedenen Fronten in den Sondermeldungen des Oberkommandos der Wehrmacht in immer neuen Varianten auftauchte und die Kundigen erkannten, dass sich das Kriegsglück gewendet hatte, kam mein Großvater nach zwei Jahren Haft aus dem Gefängnis frei. Die Ostfront zerfaserte in den Weiten Russlands. Den westlichen Alliierten gelang der Sprung über den Kanal an die französische Küste, danach wurde die Westfront permanent »begradigt«. Bei Reichsmarschall Göring keimte die Hoffnung auf einen Separatfrieden im Westen. Am 20. Juli 1944 scheiterte mit dem fehlgeschlagenen Attentat auf Hitler die letzte Chance, den Bombenkrieg der Alliierten gegen die deutsche Zivilbevölkerung abzuwenden und viele Städte vor dem Untergang zu bewahren.

Der Widerstand gegen Hitler, er kam zu spät und war dann zu kraftlos, um den eisernen Griff der Naziokkupation zu lösen und eine bedingungslose Kapitulation des Deutschen Reiches zu verhindern. Der Lauf der Geschichte war nicht aufzuhalten. Die Weichen dafür hätten viel früher gestellt werden müssen: ein Jahrzehnt früher, als die deutschnationale Elite und mit ihr die ehrwürdigen Institutionen von den Universitäten bis zu den Kirchen noch glaubten, der Hitler-Spuk wäre bald wieder vorbei. Viele ahnten nicht, wie viele Kollaborateure in den eigenen Reihen waren. Wenn ich darüber nachsinne, erscheint mir der mangelnde Widerstand der Intellektuellen immer noch am erstaunlichsten. Jegliche Gegenwehr war spätestens gebrochen, als die Nazis die jüdischen deutschen Hochschullehrer unter dem johlenden Beifall der braunen Studentenschaften und ohne sichtbaren Protest aus ihren Studierstuben verjagten. Es wurde der größte »Brain-Drain« in der Geschichte. Wer den Konzentrations- und Vernichtungslagern entkommen konnte, landete zumeist in den USA und verhalf Kultur, Wissenschaft und Hochschulen dort zu unglaublichen Höhenflügen. In New York, Boston, San Francisco oder Los Angeles, überall ließen sich die Gestrandeten aus Hitler-Deutschland nieder. Künstler, Wissenschaftler, Literaten, Ingenieure – und mit ihnen kam alles Wissen, das in Deutschland ausgebildet worden war und dort nicht mehr geduldet wurde.

Ich verstehe bis heute nicht, wie es dazu kommen konnte, dass der Stolz der deutschen Kultur, die Hochschulen, den Nazis wie reife Früchte in den Schoß fielen. Mit der Entfernung der Professoren jüdischer Herkunft war das Rückgrat der deutschen Wissenschaftler gebrochen, waren die Besten entfernt worden, und was übrig blieb, war ein anpassungsbereiter Rest, der sich noch lange nach Kriegsende scheute, offen und öffentlich über das eigene Versagen nachzudenken. Am schlimmsten führten sich die Träger der Dritten Gewalt auf, Richter und Staatsanwälte, die fast bedingungslos die Umkehr aller Werte in der Rechtsfindung mitgetragen und mitgeprägt hatten.

Das trotzige Schweigen der Mehrheit dieser Eliten, soweit sie das Inferno der Nazizeit überlebt hatten, war es denn auch, was in den 60er Jahren des vorigen Jahrhunderts die Jugendrevolte gegen die Vätergeneration auslöste. Sie begann mit einer öffentlichen Befragung der Nachkriegsgeneration, die sich an die Väter und Großväter richtete. Trotz aller Aufarbeitungen und historischen Dokumentationen, die es seither gibt, ist die Frage nach dem Warum für mich immer noch nicht völlig geklärt.

Jener Richter Großmann, der meinen Großvater wegen »Zurückhaltung von Altwaren« verurteilt hatte, und von dem meine Mutter schreibt, er habe sich dafür »gerühmt, die meisten Todesurteile gefällt zu haben«, war einer dieser willfährigen Juristen, die die Rechtsprechung im Sinne der Machthaber uminterpretierten. Juristen wie er haben nach dem Krieg einfach und unbehelligt weitergemacht: Sie schwiegen und blieben Richter oder Staatsanwälte, nunmehr im Dienst der jungen Bundesrepublik. Und Deutschland tat sich schwer mit der Aufarbeitung dieses unseligen Kapitels der Justizgeschichte. Es hat fast zwei Jahrzehnte gedauert, ehe die ersten NS-Prozesse aufgerollt wurden, die dann allzu oft mit skandalösen Urteilen enden sollten.

Rechtsanwalt Dr. Weise hatte nach dem Krieg meinen Großvater in einem liebevoll erinnernden Brief aufgefordert, die Aufhebung des Unrechtsurteils gegen ihn zu verlangen: »Sie haben sich nichts vorzuwerfen«, schrieb er. »Nichts von dem, was zu dem Urteil gegen Sie führte, hat Bestand.« Mein Großvater mochte sich dem Rat nicht anschließen. Er wollte einfach nicht erinnert werden an diese entwürdigenden Jahre, an das Gefängnis, an seine Erfahrungen im Protektorat mit der deutschen Besatzungsmacht. Seine meiner Mutter gegenüber oft geäußerte Schlussfolgerung zu dem, was er in Polen erlebte, war die Prophezeiung: »Es wird wie ein Fluch über Deutschland kommen.« Er hat Recht behalten.

Dem Wüten der deutschen Besatzungsmacht im Osten folgte die zusammenbrechende Front. Spätestens im Herbst 1944 glaubte niemand mehr an den Endsieg. Keiner konnte sich der aufbrandenden Furcht vor der Rache der Alliierten entziehen, und im Osten des entkräfteten Deutschen Reichs begann das Inferno einer Massenflucht der Zivilbevölkerung. Die Trecks brachen auf, Millionen zogen nach Westen. Im eisigen Winter vor dem Kriegsende suchte jeder einen Weg aus dem Inferno.

Danzig war eine von Flüchtlingen überquellende Stadt. Überall in den Häfen der Danziger Bucht lagerten sie, in der Hoffnung, noch auf eines der Schiffe zu gelangen, die den Weg über die Ostsee nach Flensburg oder zu einem der anderen Ostseehäfen in Schleswig-Holstein nehmen sollten. In den bitterkalten Tagen und Nächten des letzten Kriegswinters qualmten die improvisierten Feuerstellen. Die Kinder, in Mäntel und Decken gehüllt, wurden nahe ans Feuer gerückt, um in den eisigen Frostnächten wenigstens etwas geschützt zu sein. Der Weg zum Anleger am Krantor und zu den Häfen war mühsam, es gab fast kein Durchkommen.

In Geschichtsbüchern kann man nachlesen, dass es 60 000 Menschen gewesen sind, die sich im kalten Januar 1945 allein in Gotenhafen zusammendrängten und darauf warteten, auf ein rettendes Schiff zu kommen. Die gesamte KdF-Flotte, dazu viele Frachter, Hilfskreuzer und sogar Schlachtschiffe wurden dafür eingesetzt, die Menschen über die Ostsee zu evakuieren. Über zwei Millionen gelangten auf diese Weise in den sicheren Westen.

Die »Wilhelm Gustloff«, einst als Flaggschiff der »Kraft-durch-Freude«-Flotte gebaut, war der größte Flüchtlingstransporter. Fast 10 000 Passagiere, darunter verwundete Soldaten, hauptsächlich Kinder und ihre Mütter konnte er mit jeder Passage in Sicherheit bringen. Ferienreisen hat dieser Luxusliner der Nazis nur zwei Jahre lang unternommen: 1937 war er vom Stapel gelaufen, ein Traum in Weiß, mit Ballsaal und Swimmingpool. Eine Kreuzfahrt auf der »Gustloff«, für jeden erschwinglich, sollte deutsche Volksgenossen davon überzeugen, dass ihre Zukunft im Nationalsozialismus lag. Der Leiter der NSDAP in der Schweiz, Wilhelm Gustloff, von einem jungen Juden erschossen und zum »Märtyrer der Bewegung« erhoben, war der Namenspatron des Schiffes. Seit 1940 lag es, nun feldgrau gestrichen, in Gotenhafen als Lazarettschiff vor

Anker. Ursel hat auf dem riesigen Dampfer die Verwundeten betreut.

Am 30. Januar 1945 sollte die nächste Fahrt der »Gustloff« von Gotenhafen abgehen, über die verminte und durch russische U-Boote gefährdete Ostsee nach Flensburg. Auch meine Mutter und Großmutter wollten mit den beiden Kindern Danzig auf diesem Weg verlassen. Das Schiff war schon überbucht, aber sie bekamen noch Plätze.

Wie meine Mutter erfuhr, dass es doch noch einen Zug gab, der Danzig verlassen sollte, ich weiß es nicht. Jedenfalls hatte die »Gustloff« uns zwar auf der Passagierliste, nicht aber an Bord. Die »Wilhelm Gustloff« verließ planmäßig am Nachmittag des 30. Januar Gotenhafen, an Bord fast 10 000 Flüchtlinge. Es war bitterkalt, um die zehn Grad minus. Was dann geschah, ist bis heute die schlimmste Schiffskatastrophe, die je geschehen ist. Das sowjetische U-Boot »S 13«, das die »Gustloff« unbemerkt verfolgt hatte, landete mehrere Torpedovolltreffer; das Riesenschiff versank innerhalb einer Stunde in der stürmischen, eisigen Ostsee. Über 9000 Menschen kamen dabei ums Leben, ein Vielfaches der Todesopfer beim Untergang der »Titanic«. Doch erst vor kurzem, als mehrere Dokumentationen sich mit der Versenkung der »Wilhelm Gustloff« beschäftigten, rückte dieses tragische Flüchtlingsdrama wieder in Erinnerung. Es muss grauenvoll gewesen sein, der Kampf um die Rettungsboote, ganze Familien, die in Panik ins eiskalte Wasser sprangen …

Ich setze die Erinnerungsbilder unserer Flucht zu einem Mosaik zusammen, Bilder aus eigener Erinnerung, Erzählungen meiner Mutter und Großmutter, Bilder, dem Gedächtnis meiner Schwester entwunden. Sie fügen sich zu den Bilderfetzen, die mich bis heute im Traum heimsuchen. Kurz vor Stettin stoppte der Zug. Es war ein abruptes, knirschendes Halten. Räder blockierten und schoben kreischend über die Gleise. Der Zug schüttelte und bockte. Der ruckartige Halt schob das Gepäck auf der Ablage nach vorn. Zwei Taschen fielen herunter. Ebenso ein Wehrmachtskoppel, daran eingeklinkt eine Wasserflasche. Niemand wurde getroffen. Das Poltern des herunterfallenden Gepäcks, das Klirren der Wasserflasche, das Rumoren und Rufen im Zug, es hat uns beide Kinder im Abteil, in dem wir mit Mutter und Großmutter Platz gefunden hatten, zutiefst erschreckt. »Zum Umfallen müde«, habe ich eine Erzählung meiner Mutter in Erinnerung, »bin ich ans Fenster getreten.« Ich stelle mir vor, wie sie achtlos über Taschen, Koppel und Wasserflasche stieg. Die beiden Soldaten im Abteil hatten, wenn sie nicht schliefen, ihren Spaß mit dem kleinen Mädchen, das sie mit Fragen löcherte. »Der eine war Offizier«, pflegte dann meine Großmutter einzuflechten. Da war sie sich ganz sicher. Ich stelle mir vor, wie Ursula nach draußen durch das Fenster zu blicken versuchte, um die Ursache dieses krachenden Halts auf freier Strecke zu ermitteln. Ob sie mehr als nur konturlose Gestalten durch das verdreckte und vereiste Fenster gesehen hat?

Plötzlich wurde die Abteiltür aufgerissen, und jemand schrie: »Alles raus. Tiefflieger!« Es war nicht der erste Fliegeralarm, der den Zug aufgehalten hatte. So hatte sich eine gewisse Routine im Abteil eingestellt, jeder hatte seinen Platz und seine Aufgabe. Die Soldaten, so erzählte meine Mutter, nahmen die Kinder, dann folgte Großmutter, am Schluss sie selbst. Die Tür des Waggons war schon offen. Der erste Soldat setzte ein Kind vor der Tür ab, sprang hinunter »und stand bis zu den Hüften im Schnee«. Dann wurden die Kinder heruntergereicht, die sich sofort unter den Zug ducken mussten. Es folgte meine Großmutter, klein und gar nicht mehr rundlich, der Filzhut, den sie gegen die Kälte trug, hing wie immer etwas schief, Haarklammern hinderten ihn, ihren Kopf zu verlassen. Die Soldaten ließen auch sie herunter, dann sprang der zweite, und am Schluss meine Mutter. Sie brauchte keine Hilfe. Es war der dritte Alarm seit der Zug Danzig verlassen hatte.

Nur wenige Augenblicke vergingen, bis alle unter dem Wagen Schutz gefunden hatten. Der Winter war klirrend kalt, so kalt wie die Angst, die über Deutschland lag. In diesem Moment mag meine Mutter von dem Gedanken heimgesucht worden sein, ob es wohl besser gewesen wäre, die Flucht aus Danzig mit der »Wilhelm Gustloff« statt mit diesem Zug gewagt zu haben. Als die Tiefflieger kamen, lagen die Passagiere eng aneinander gepresst neben den Schienen. Es roch nach Öl. Die Schienen noch ein wenig warm von der Bremswirkung der blockierenden Räder. Die beiden Jagdflugzeuge kamen schnell heran und zogen flach über Zug und Gleise. Ein Feuerstoß des Bordschützen als einziger Gruß. Erleichtert rief einer der Soldaten: »Wir sind denen egal. Die haben ein anderes Ziel!«

Welche Angst reiste da mit. Wie viele plagende, selbstzweifelnde Fragen müssen sich die beiden Frauen gestellt haben. Es war nicht sicher, wie weit es der Zug wohl schaffen würde. Auf diese Frage kam nur ein Achselzucken der Reichsbahner. Solange die Gleise nicht zerbombt waren, ratterte der Zug weiter. Mal schnell, oft sehr langsam, viele Tage.

Insgesamt waren wir drei Wochen unterwegs. Manchmal, wenn wir nach den Feuergarben der Fliegerangriffe aus Tunneln oder Schächten herauskamen, in denen wir Schutz gesucht hatten, oder hinter dem Bahndamm, der uns geschützt hatte, wieder hervorkrochen, war der Zug verschwunden. Es dauerte oft Tage, ehe wir einen anderen fanden. Wir vier blieben immer dicht beisammen. An einem Bahnhof hatte ein mitleidiger Lokführer frierende Kinder auf den warmen Tender heben lassen. Ursel hatte uns das verboten. In diesem Augenblick ein Angriff. Die Lok fuhr los und kehrte nie zurück. Hemmungslos weinende Mütter irrten durch den verwüsteten Bahnhof und auf den Gleisen umher und suchten ihre Kinder, vergeblich. Ihr vergebliches Rufen hallte uns Tag und Nacht in den Ohren.

Unseren letzten Zug hatten wir auf einem Bahnhof entdeckt, unter Dampf, aber mit vielen Waggons, die so gut wie leer waren. Ein bewaffneter Offizier hinderte uns, den Zug zu besteigen. Einer der Soldaten, der mit uns gereist war, lenkte den Mann ab. Wir stolperten über die Geleise. Bärbel schlug hin, verletzte sich im Gesicht. Unter Schüssen erreichten wir den Zug, zusammen mit den drei Soldaten. Wir lagen flach auf dem Boden, als der Zug anruckte und aus dem Bahnhof fuhr.

Bärbel hatte eine klaffende Wunde über der Nase; die Schwellung wurde mit Schnee gekühlt. Ich war von Fieber geschüttelt, das Ursel mit Wadenwickeln aus Schnee zu drücken versuchte. Der Zug muss so etwas wie ein Lazarettzug gewesen sein. Dennoch gab es keinen Arzt, aber eine Krankenschwester. Sie hatte für die beiden hungrigen Kinder einen Schokoladenriegel abgezweigt. Einer der Soldaten hatte einen Spirituskocher, aber es gab nichts, das man hätte kochen können. Wir konnten nur noch Schneewasser abkochen.

Ich weiß nicht, wann und wo die Endstation war. Jedenfalls sind wir irgendwie nach Rostock gelangt. Von dort ist es nicht weit bis nach Bad Doberan, wo eine Schwester meiner Großmutter auf uns wartete. Tante Anni war die mittlere von drei Schwestern. Sie war in Rostock ausgebombt und nach Doberan evakuiert worden. Bei ihr fanden wir Unterschlupf.

Ich erwachte irgendwann im Krankenhaus, auf der Isolierstation, die in einer Baracke untergebracht war. Verdacht auf Typhus. Noch immer spüre ich den tiefen Schrecken und das Gefühl abgrundtiefen Verlassenseins, als ich mich allein in dem Krankenzimmer wieder fand. Ich hatte nichts mitbekommen vom Ende der Reise, habe keine Erinnerung an das zerbombte und von Granaten durchpflügte Magdeburg, das eine unserer zahlreichen Reisestationen war. Weiß nicht, wie wir nach Doberan gelangten und ich in das Krankenhaus eingeliefert wurde. »Es war eine Art Koma«, erinnerte sich meine Großmutter.

»Jedenfalls warst du nicht bei dir, nicht ansprechbar.« Meine Mutter litt Todesängste, mein Schwesterchen auch. Aber wo waren sie? Ich weiß nicht, ob nach Tagen oder Wochen, jedenfalls konnte ich irgendwann an das Fenster treten und sah hinaus auf einen kleinen Park. Dort standen sie, Mutter und Schwester, und winkten mir zu. Aus dem Typhusverdacht war Paratyphus geworden, die gleichen Symptome, aber ein leichterer Verlauf.

Nach der Entlassung aus dem Krankenhaus wurden wir nach Kemberg in Sachsen-Anhalt evakuiert. Dort, am Ende der Hauptstraße, in einem kleinen Garten versteckt, stand ein Häuschen oder eher eine Hütte, zwei Räume mit einem Kanonenofen. Entlang der Hauptstraße Bauernhöfe. Zur Straße hin gebaut das Wohnhaus, mit Scheune und Stallungen, ein geschlossenes Viereck. Bei einem dieser Bauern hatte ich einen Mittagstisch. Ich muss so abgemagert gewesen sein, dass ich noch heute den mitleidigen Blick der Bäuerin erinnere, mit dem sie mich bedachte, wenn ich mittags zu ihr kam, um zusammen mit ihr und ihren drei Kindern eine dicke Suppe zu löffeln. Der Bauer war in diesem letzten Kriegsfrühling draußen auf dem Feld.

»Mutter, schmeiß' mir mal 'ne Saftbemme«, diesen Ruf der Kinder in Kemberg, wenn sie am Nachmittag der Hunger überkam und Mutter ein Brot mit Sirupaufstrich herunterreichte, werde ich nie vergessen. Manche »Bemme« bekam ich ab, der Kleine, der immer Hunger hatte. Und dann, eines Tages im Mai 1945, war Großvater da. Da stand er, samt Koffer voller Anzüge und Schuhe und in einen warmen Mantel gehüllt, den er und Großmutter »Paletot« nannten. Er hatte das Kriegsende bereits in Warschau, vor der Kapitulation der Wehrmacht, erlebt. Niemand, der ihm, dem halben Polen, dort etwas anhaben wollte. Über seine Schwägerin Anni hatte er erfahren, es habe uns nach Kemberg verschlagen, und so hatte er sich auf den beschwerlichen Weg gemacht.

Während Großvater und ich im Garten saßen, in dem wir später Tomaten pflanzten und grünen Salat, zogen Mutter und Großmutter mit Bollerwagen und meiner quietschvergnügten Schwester über Land auf Hamstertour. Bärbel war immer dabei, weil sie auch den hartherzigsten Bauern rühren und amüsieren konnte. Manches Pfund Kartoffeln oder dann und wann eine Speckseite waren allein ihr zu verdanken.

In Kemberg war noch eine Wehrmachtseinheit stationiert. In Ermangelung von Benzin gab es Meldereiter, die auf Pferden durch das Städtchen galoppierten. Für uns Kinder immer eine kleine Sensation, wenn sich das Tor vor der kleinen Kaserne öffnete und Pferd und Reiter heraussprangen. Eines Tages war die Einheit verschwunden. Die Soldaten waren wohl des Nachts abgerückt. Das Tor stand offen, die Kaserne war leer, und aus manchem Fenster entlang der Straße hingen weiße Betttücher.

Als ich wieder einmal vor dem Tor der Kaserne stand, kam von ganz unten, vom Ende der Hauptstraße, ein offenes Fahrzeug. Noch heute spüre ich das Gefühl, diesen Moment, als ich den ersten amerikanischen Jeep erblickte. Ich bin mir sicher, dass ich völlig allein auf der Straße war: der Jeep, der immer näher kam, und ich. Der Wagen rollte aus. Am Steuer saß ein riesiger schwarzer Amerikaner, der mich freundlich anlachte. Ich muss wohl wie vom Donner gerührt dagestanden haben, ahnungslos und doch ohne Angst. Vor allem neugierig. Freundliche braune Augen sahen mich an, eine braune, fast schwarze Hand strich mir über die Haare. Der Jeep, der brummende Motor und dieser Wandschrank von Mensch, dazu schwarz. Nie zuvor hatte ich so etwas gesehen.

Ein gutmütiger schwarzer Mann und das Menschlein vor ihm, gerade viereinhalb Jahre alt, in fassungslosem Staunen. Das Ende des Krieges begann für mich mit einer Tafel Schokolade. Er konnte einige deutsche Brocken, wie ich mich erinnere. Ich habe wohl ein »Danke für die Schokolade« gemurmelt. Und irgendwie müssen wir uns einig geworden sein, dass er mich im Jeep nach Hause fahren würde. Es war ja nur die Hauptstraße entlang, hinauf bis zu ihrem Ende, zu unserer Hütte, zu meinem Großvater, der dort geblieben war. Mutter, Großmutter und Bärbel waren auf Hamstertour. So hat nur mein Großvater diesen stolzen Augenblick miterleben können, als ich neben meinem schwarzen Freund sitzend, im offenen Jeep stolz und beeindruckt, bis zu dem kleinen Gartentor gefahren wurde. Da hielten wir, der freundliche Riese stieg aus, hob mich aus dem Fahrzeug, hielt mich kurz und lachend in luftiger Höhe. Gab mir einen freundlichen Klaps zum Abschied und fuhr davon.

Einer meiner Spielplätze, der nahe gelegene Wald. Der Weg dorthin war unheimlich: Am Waldrand gab es ein aufgehäuftes Grab mit einem Holzkreuz. Auf dem Holzkreuz ein durchlöcherter Stahlhelm. Hier lag ein toter Landser verscharrt. In meiner Phantasie und immer wieder in meinen Träumen war es kein Holzkreuz, sondern ein Arm, der aus dem Grab ragte und auf der geballten Faust den runden Hut aus Stahl balancierte. Noch jetzt, da ich diese Erinnerung aufschreibe, kommt mir zuerst dieses beklemmende Bild in den Kopf, ehe sich der Arm wieder in ein Holzkreuz verwandeln kann. An diesem Grab mussten wir stets vorbei auf unserem Weg in den Wald zum Pilzesammeln. Für mich ein immer wiederkehrendes Missvergnügen. Pilzkönigin war meine Schwester, gefolgt von Mutter und Großmutter. Die Körbe meines Großvaters und mein eigener blieben meist leer. So intensiv wir auch suchten, fast nie fanden wir die Stellen, wo es Pilze gab. Aber ich hatte ja meine Schwester. Ihr Korb war als Erster voll. Und sie leerte ihn zur Hälfte in meinen, legte den Finger auf den Mund, verschwand und hatte ihren Korb im Nu wieder voll. So hatte ich immer etwas dazu beizutragen, wenn wir unsere Schätze zusammenschütteten. Und ich tat jedes Mal einen tiefen Seufzer, wenn es wieder hieß: »Ab in die Pilze.«

Die Nachkriegszeit begann, und unsere Tage in Kemberg waren gezählt. Die Amerikaner hatten sich nach dem Potsdamer Abkommen wieder zurückgezogen. Die Besatzungszonen waren aufgeteilt, und wir befanden uns in der »Sowjetzone«. Das Leben, auch das Leben der Flüchtlinge, wurde neu geregelt. Meine Großeltern zogen in die kleine Wohnung zu meiner Urgroßmutter nach Rostock, die nach dem Tod ihres Mannes dort allein lebte. Meine Mutter bekam eine Anstellung im Observatorium, der Wetterstation in Warnemünde. Wir drei, meine Mutter, meine Schwester und ich, wurden im Hinterhaus eines Fischers am »Alten Strom« in Warnemünde einquartiert. Hier begann für mich die Zeit, in der sich die eigene Erinnerung verankert. Nicht mehr nur Vermutungen, wenig Unmittelbares und wenn, dann nur in zerrissenen, ängstigenden Bildausschnitten, wie es Danzig und die Flucht für mich sind. Jetzt kann ich auch den eigenen Lebensbogen beginnen lassen und mit den heutigen Erfahrungen und der Summe eines Lebens, das sechs Jahrzehnte umfasst, die einzelnen Stationen von Ursels Lebensreise einordnen und erfassen.

Warnemünde, das alte Seebad, wo wir im Spätsommer 1945 eintrafen, wirkte fast menschenleer. Die stolzen weißen Giebelhäuser an der Promenade, die Pensionen und Hotels, waren verlassen, die Fenster mit dicken Brettern verbarrikadiert. Fensterläden, die aus der Verankerung gerissen waren, hingen in den Angeln, und wenn der Wind zufasste, schlugen sie laut und ächzend an die Hauswand. Die Strandpromenade wirkte auf mich wie von einem bösen Zauber verhext und die Stadt wie von einem Spinnennetz verhüllt.

Wir hatten großes Glück mit unserem Quartier. Die Fischerfamilie nahm uns auf, als wären wir ihre engste Verwandtschaft. Ich lernte Schifferknoten und sah zu, wenn im kleinen Hafen, den die Warnow mit ihrer Mündung ganz natürlich in die kleine Badestadt an der Ostsee gelegt hat, die

Fischer nach der Rückkehr aus den Fanggebieten ihre Netze flickten. Ich genoss die Tage und fürchtete mich vor den Nächten.

Mit größer werdendem zeitlichen Abstand von der Flucht aus Danzig rückte die Erinnerung daran näher. Wir Kinder waren beide traumatisiert von den bedrückenden Erlebnissen dieser erzwungenen Reise. Ich hörte in diesen Nächten am »Alten Strom« in Warnemünde immer wieder die entsetzlichen Schreie der jungen Frau in ihrem tiefen Schmerz – eine Totgeburt im Schnee. Ein blutiger Fleck in meiner Erinnerung. Ich hörte das Stöhnen der Verwundeten aus dem Lazarettwagen eines Zuges und empfand erneut das Grauen und die Ratlosigkeit der Erwachsenen um mich herum. Und immer wieder fand ich mich auf Bahnhöfen, in die überfüllte Züge hinein- und hinausfuhren. Auf den Bahnsteigen unvorstellbare Menschenmassen. Koffer, Handkarren, Bündel aus Bettlaken, viele Frauen mit ihren in Wehrmachtsdecken gehüllten Kindern. Und daneben reaktivierte, längst pensionierte Reichsbahner, alt und grau in ihren verschlissenen Uniformen und hilflos vor diesem Ansturm. Noch heute spüre ich Unbehagen, wenn ich in überfüllten Bahnhöfen auf einen Zug warte. Es ist dann, als ob die Zeit stehen bliebe und mich zurückversetzte in die Schrecken dieser Jahre.

In Warnemünde schrie ich jede Nacht meine Angst hinaus, oft stundenlang. Immer wechselten sich die Erwachsenen ab, um mich und meine Schwester zu beruhigen. Manchmal wurde sie hinübergetragen in das kleine Vorderhaus, in die Wohnstube der Fischer, damit wenigstens sie in Schlaf kommen konnte. An meinem Bett saßen die Erwachsenen, die ich im Schlaf schreiend und, wie meine Mutter erinnerte, mit entsetzten, aufgerissenen Augen ansah, ohne sie wahrzunehmen. Auch das Grab des Unbekannten Soldaten am Waldsaum in Kemberg und der aus dem Grab herausragende Arm, auf dessen geballter Faust der Stahlhelm sitzt, war Teil meiner immer wiederkehrenden Albträume.

Am Tage dagegen war Warnemünde, das langsam wieder zu Leben kam, für mich wie ein kleines Paradies. Hotels und Pensionen blieben allerdings in unserer Warnemünder Zeit zugenagelt. Die typische Bäderarchitektur heruntergekommen, der ewige Wind hatte den Sand vom Strand und den Dünen vor die Häuser geblasen. Nur wenn eine Böe ihn freilegte, war der alte Plattenbelag der Promenade noch zu sehen. Oft lastete der Wolkenhimmel tief auf dem kleinen Seebad, das heute wieder stolz erstanden ist.

Der »Alte Strom« präsentiert sich heute fast wieder wie in seinen besten Zeiten. Dort wo die Warnow in die Ostsee mündet, ducken sich noch immer die Fischerhäuschen. Und wer sie betreten will, muss an der linken Hausseite eine kleine Holztür öffnen, die einen schmalen Gang, begrenzt durch das Haus des Nachbarn, freigibt, der zu einem kleinen Innenhof führt. Dicht nebeneinander stehen die Häuschen, die sich nicht unterscheiden wollen.

Von dort sind es nur ein paar Schritte bis zu dem kleinen Fischereihafen. Heute wie damals wird der Blick auf die Kaimauern nur unterbrochen von einer Holzbrücke über den Strom. Dort dümpeln die bauchigen Fischerboote, bevor sie mit tuckerndem Motor ausfahren. Kleine metallene Treppen kleben an den Kaimauern auf der Wasserseite. Die Masten der Schiffe ragen, je nach Tidenhub, mal mehr und mal weniger über den Kai. Wer ins Boot will, ist froh über die Treppe. Hier habe ich oft gestanden, wenn die Fischer die Holzsteigen ihrer Fänge ausluden. Sie stapelten sie so hoch, dass ich nicht darüber hinweggucken konnte. Zwischen den Kisten blieben Gassen, und in diesen Gassen, die wie ein Irrgarten waren, in dem man sich gut verlaufen konnte, stand der Geruch nach Fisch und Teer, nach Brackwasser und frischer Ostsee. Ich habe ihn bis heute in der Nase.

Jedes Mal, wenn der Irrgarten aufgebaut war, war ich auch da. Natürlich konnte ich nicht widerstehen: Aus jeder mir zugänglichen Kiste griff ich nach einem Hering. Mehr als drei konnte ich allerdings nicht tragen. Sie waren so glitschig, dass ich meine gute Mühe hatte, sie unversehrt den kurzen Weg nach Hause zu tragen. Dort versenkte ich meine Beute im Handwaschbecken unseres Zimmers. Abends ein Festmahl: Brathering. Meine Mutter fragte mich nie, woher ich den Fisch hatte. Es blieb das Geheimnis von mir und meiner Schwester, der ich es natürlich nicht verheimlichen konnte. Tagsüber stromerte ich durch Warnemünde, wenn ich nicht gerade auf Heringsklau war. Die Bäderstadt hatte noch viele Gehsteige aus Holz. Eigentlich waren es längliche, aneinander gereihte Holzkästen. Die Schritte klangen hohl, wenn man über sie hinwegschritt. Ich liebte es, im Zuckeltrab über diese Gehsteige zu laufen. Plopp, plopp, plopp, Uwe kommt, sang es in mir.

Wir hatten zwei Zimmer in Warnemünde. Einmal wachte ich mitten in der Nacht auf und ging hinüber in das Zimmer meiner Mutter. Bärbel schlief noch. Als ich die Tür öffnete, blieb ich erschrocken stehen. Neben Ursel ein fremder dunkelhaariger Mann. Beide fest schlafend. Und obwohl ich nicht die geringste Vorstellung hatte, was das, was ich da sah, bedeuten könnte, außer dass eben ein Mann schlafend im Bett meiner Mutter lag, sie daneben, den Kopf in seiner Armbeuge, rührte mich dieses Bild. Es ist unvergesslich im Arsenal meiner Erinnerungen wie der verscharrte Landser am Waldrand von Kemberg. Ich machte die Tür wieder zu.

Seinen Namen habe ich vergessen, das kurze glückliche Zusammentreffen der beiden Menschen nicht, die sich da in Warnemünde als Überlebende eines mörderischen Krieges in die Arme fielen. Er war Grieche. Als die Deutschen auch sein Land überfielen und besetzten, war er als überzeugter Kommunist in die Sowjetunion emigriert und war von dort zusammen mit seinen deutschen Genossen nach Deutschland gekommen. Irgendwann wollte er wieder nach Griechenland. Er konnte wunderschöne traurige Lieder singen, in einer Sprache, die ich nicht verstand, die mir aber so warm im Ohr klang. Wir wussten natürlich nichts von den internen Kämpfen der Fraktionen und der inneren Opposition in der kommunistischen Welt Stalins in dieser Zeit. »Schiffe, die sich nachts begegnen« – er und Ursel hatten die kurze Zeit ihrer Liebe in Poesie verdichtet. Nein, die Zeiten damals rochen nicht nach Glück. Schon gar nicht für meine Mutter. Er, der vielleicht Wolfgang in ihrem Leben hätte ersetzen können, wurde eines Tages verhaftet. Er ist nie wieder aufgetaucht.

KAPITEL 4

Totgesagte leben länger

Meine Mutter hatte schon vorher versucht herauszufinden, ob mein Vater den Krieg überlebt hatte. Zuerst hatte sie sich – wie alle Betroffenen, die nach dem Krieg den Mann, den Sohn, die Großeltern nicht wieder gefunden haben – an den Suchdienst des Roten Kreuzes gewandt. Der einzige Anhaltspunkt war die Bezeichnung seiner Einheit: Straffeldlager Nr. 4.

Für die betroffenen Familien war der DRK-Suchdienst in den ersten Nachkriegsjahren die letzte Hoffnung, ihre Angehörigen wieder zu finden. Die »Wochenschauen« dieser Zeit, die als Vorfilme mit pompösen Fanfaren in jedem Kino liefen und die Zuschauer mit Reportagen über die Ereignisse der Woche in Bild und Ton informierten, berichteten häufig über den Suchdienst und seine Arbeit. Immer wieder die gleichen traurigen Bilder. Die Kamera schwenkt über trostlose Hauswände, zerstörte Bahnhofshallen, über Litfaßsäulen und Laternenmasten, überall sind Zettel mit Fotos und Namen befestigt; die Zuschauer im Kinosessel können mitlesen, wer wen sucht. Besonders erschütternd sind Kinder, die ihre Eltern suchen und deren Namen nicht kennen, gezeichnet von schrecklichen Erlebnissen. Minutenlang sagen sie in langer Folge ihre Namen und Herkunftsorte auf, die Kleinsten schauen einfach nur verlegen in die Kamera, während aus dem Off die Umstände ihrer Rettung berichtet werden. Aber es gab auch herzergreifende Wiedersehensszenen: Eltern konnten ihre Kinder, Frauen ihre Männer wieder in die Arme schließen.

Jeden Tag, bis weit in die 50er Jahre hinein, werden in den Rundfunkprogrammen Nachkriegsdeutschlands Suchmeldungen verlesen, Soldaten und Zivilisten, Männer, Frauen, Kinder – eine unendliche Kette von Namen, verbunden mit der Hoffnung, die Verlorengegangenen wieder zusammenzubringen. Jeder vierte Deutsche suchte jemanden oder wurde seinerseits vermisst. Ich weiß noch, dass ich diese Sendungen wie ein Süchtiger verfolgt habe. Es war meine Gruselstunde.

Sechzehn Millionen Suchanträge wurden zwischen 1945 und 1950 gestellt. 16 Millionen Schicksale, jedes Einzelne auf einer mehr oder weniger lückenhaft ausgefüllten Karteikarte festgehalten. Eine fast unlösbar erscheinende Aufgabe. Und doch auch eine Erfolgsgeschichte. Mehr als sieben Millionen Menschen konnte der DRK-Suchdienst zusammenführen. Und auch die traurige Gewissheit, dass der Gesuchte nicht mehr wiederkommen würde, half vielen Familien zurück ins Leben.

So lautete auch die Antwort, die Ursel schließlich erreichte: Wolfgang Heye ist in Russland vermisst, vermutlich bei Kampfhandlungen ums Leben gekommen. Nur wenige waren vom Straffeldlager Nr. 4 zurückgekehrt. Die gleiche Antwort erhielt meine Großmutter: Tod in Stalingrad. Doch für sie sollte ihr Sohn Wolfgang nicht sterben. Bis zu ihrem Tod hielt sie daran fest, dass er den Krieg überlebt habe.

Wolfgang Heye hatte Gefängnis, Strafbataillon und Ostfront überlebt. Nach seiner Rückkehr aus der Gefangenschaft zog er nach Stuttgart. Vielleicht weil er hoffte oder wusste, dass sein Vater dort noch lebte. Von dort hat er dann ebenfalls den Versuch unternommen, seine Familie wieder zu finden. Ursel und Wolfgang hatten sich versprochen, nach dem Krieg, wann und wo auch immer, wieder zusammen zu sein. Auch er erhielt eine niederschmetternde Nachricht. »Bedauern, Ihnen mitteilen zu müssen ...«, so begann das Schreiben des Suchdienstes an ihn. Im Folgenden wurde erläutert, dass man auf der Suche nach einem Lebenszeichen von Frau und Kindern auf die Passagierliste der »Gustloff« gestoßen sei, die bekanntlich am 30. Januar 1945 durch ein sowjetisches U-Boot in der Ostsee versenkt worden sei. Auf der Passagierliste standen die Namen Ursula Heye und ihre Kinder, Ute-Barbara und Uwe-Karsten. Da man sie nicht unter den wenigen Überlebenden ausgemacht und auch ansonsten kein Lebenszeichen gefunden habe, müsse er davon ausgehen, dass alle drei, wie die meisten Passagiere, zu Tode gekommen seien.

Frau und beide Kinder tot. Ertrunken im eisigen Winter 1945 in der Ostsee. Welche Bilder mag eine derartige Nachricht hervorrufen? Wie lange dauert es, bis einem klar ist, dass das alte Leben endgültig vorbei ist? Es wird Zeit brauchen, ehe die Erinnerungen an den einzigen gemeinsamen Urlaub, die sicher lange den eigenen Lebens- und Überlebenswillen gestärkt und immer wieder neu entfacht haben, sich schließlich verdunkeln, um dann in der Ablage einer verlorenen Hoffnung zu verschwinden. Es hat viele Jahre gedauert, ehe Wolfgang in einem neuen Leben seine zweite Frau Ilse in Stuttgart treffen und heiraten konnte.

Von meiner Mutter weiß ich, dass sie ihre beiden Leben, das mit und das ohne Wolfgang, nicht in Übereinstimmung bringen konnte. »Vier Jahre, die ein Leben aufwiegen«, so beschreibt sie selbst ihre Zeit mit dem geliebten Mann. Aber geht das? Kann man existieren ohne Hoffnung auf ein anderes Leben, das den Schmerz verblassen lässt? In der Rückschau hat Ursel es wirklich so gemeint: Dass diese vier Jahre schon die ganze Fülle ihres Lebensglücks enthalten haben – und alles, was danach noch kam, war Zeit, die sich verbrauchte und in der sich Ursel verbrauchte. In der Gegenwart war es sicher mehr als das. Die Todeserklärung, offiziell und beglaubigt, war das eine, das Leben mit den Kindern das andere. Die tägliche Herausforderung, diesem Dasein gerecht zu werden, wird auch zur

Vernarbung ihrer Wunden geführt haben, schmerzend zwar, wenn die Erinnerung sie heimsuchte. Am Ende wurde der Vater für uns Kinder zur Legende. Eine Lichtgestalt, die aus den vier gemeinsamen Jahren herausragte, Orientierung und zugleich unerreichbar.

Langsam entwickelte sich auch in der sowjetisch besetzten Zone so etwas wie eine innere Staatlichkeit. Es wurde schon wenige Monate nach Kriegsende deutlich, dass Moskau den so teuer bezahlten neuen Einflussbereich, der nun bis in die Mitte Europas reichte, nicht mehr aufgeben würde. Auch in Warschau und Prag bekamen die Menschen schnell zu spüren, dass sie Teil des Sowjetimperiums sein würden und nichts sonst. Sozialistische Bruderländer, wie es etwas später heißen sollte. Alles Leben in der sowjetischen Besatzungszone wurde diesem Ziel ausgeliefert. Die SBZ wurde schon wenige Jahre später, kurz nach der Gründung der die Westzonen umfassenden Bundesrepublik Deutschland, zum zweiten Teilstaat, zur Deutschen Demokratischen Republik. Die DDR reklamierte für sich, als antifaschistische junge Republik das untergegangene »Dritte Reich« hinter sich gelassen zu haben; die neue Bundesrepublik mit der Hauptstadt Bonn hatte das faschistische Erbe allein zu tragen. Hier die Antifaschisten, dort die Revanchisten als Teil des auf Weltherrschaft angelegten kapitalistischen Imperialismus. Klare Sache. Der Kalte Krieg hatte seine Leit- und Trugbilder schnell gefunden.

Rostock im Sommer 1996. Nach Danzig und Warnemünde die dritte Station auf meiner Erinnerungsreise durch Ursels Leben. In meinem Kopf formen sich Bilder aus der Perspektive der Kinder, die wir damals gewesen sind. Die mächtigen Häuser in der Kröpeliner Straße, die starken Säulen, die eindrucksvollen Kapitale am Eingang der Universität am Blücherplatz, alles ist noch da, aber alles schrumpft, wird kleiner. Ich muss zweimal hinschauen, ehe Erinnerung und Wirklichkeit über-

Schicksalsjahre – Der Film

In einer Zeit, in der für Liebe kein Platz zu sein scheint, lernen sie sich kennen und lieben: Ursula (Maria Furtwängler) und der Sänger Wolfgang Heye (Pasquale Aleardi).

Es ist die Leidenschaft zur Musik,
die beide zusammenführt: Ursula begleitet Wolfgang bei
einem Auftritt im Cabaret.

Zwei Kinder erblicken das Licht der Welt. Doch dann kommt der Krieg. Wolfgang wird an die Front berufen und muss sich von seiner jungen Familie verabschieden.

Ursula sucht Zuflucht in ihrem Elternhaus in Danzig. Von ihrem Vater Franz (Günther Maria Halmer) wird sie mit offenen Armen empfangen.

Gezeichnet von den Erlebnissen an der Front, kommt
Wolfgang auf einen kurzen Heimaturlaub. Er will
Ursula zur Flucht nach Schweden bewegen.
Doch sie lehnt ab, aus Verantwortungsgefühl gegenüber
den Kindern ...

Für die Kinder Uwe (Mika Seidel, *Mitte*) und Bärbel (Lea Müller) ist die Urlaubswoche an der Ostsee eine kurze und unwiederbringliche Gelegenheit, ihren Vater kennenzulernen.

Ursula ist die Alleinversorgerin ihrer Familie. Neben ihrer Anstellung beim Reichspropagandaamt kümmert sie sich um verwundete Soldaten im Lazarett.

Mai 1945. Der Krieg ist vorüber. Vor den vorrückenden russischen Truppen flieht Ursula mit den Kindern von Danzig nach Rostock.

Als Bärbel (Florentine Burkhardt, *re.*) glaubt, Wolfgangs Namen im Radio gehört zu haben, eilt Ursula auf dem Fahrrad gemeinsam mit ihrer Tochter zum Roten Kreuz. Doch die große Hoffnung wird zerschlagen.

Ursula muss weiterhin alleine für ihre Familie sorgen: Sie spielt Klavier für die Sowjetische Militäradministration (SMAD) und begleitet die Sängerin Norah (Dorka Gryllus) bei der Feier zur Gründung der DDR.

Mit Norah verbindet Ursula bald eine innige Freundschaft. Gemeinsam fliehen die beiden Frauen in einer winterlichen Nacht über die grüne Grenze in den Westen – ihre Kinder hatte Ursula schon vorher nach Mainz bringen lassen.

Gemeinsam mit Norah geht Ursula mit Uwe (Mats Köhlert, *ganz links*) und Bärbel (Florentine Burkhardt, *2.v.li.*) in Mainz auf Wohnungssuche. Doch das Leben als Flüchtling ist alles andere als ein Zuckerschlecken. Es wird Ursula und Norah am Ende entzweien.

einander passen. Ich muss neu Maß nehmen. So auch an unserem Haus in der Kröpeliner Straße. Es steht nicht mehr, wurde abgerissen oder ist zerfallen. An der Brandmauer des Nachbargebäudes lässt sich die Kontur erkennen, zeigt sich noch wie aufgemalt die hutzelige Gestalt des Häuschen, das dort einmal gestanden hatte. Kein Zweifel ist möglich, hier haben wir gewohnt, ganz oben im dritten Stock. An dieser Stelle gibt es heute noch eine Baulücke.

Hier hatten wir nach Warnemünde und dem Tod der Urgroßmutter Unterschlupf gefunden. In der kleinen Wohnung in der Kröpeliner Straße war Platz. Bei der herrschenden Wohnungsnot war auch die kleine Zweizimmerwohnung meiner Großeltern groß genug für das Leben von fünf Menschen. Wem sonst hätte meine Mutter auch ihre Kinder anvertrauen können in diesen immer noch unsicheren Zeiten. Hier bekommen meine Großeltern in meiner Erinnerung Gestalt. Sie übernahmen unsere Erziehung, und es war wieder Ursel, die den Lebensunterhalt für alle besorgte. Sie arbeitete als Organisationssekretärin in der Gesellschaft für Deutsch-Sowjetische Freundschaft. Was immer ihre Aufgabe dort war: Ursel kam abends erst spät, wenn wir schon im Bett waren. Es gab kaum Zeiten, in denen ich meine Mutter mehr als ein, zwei Stunden am Tag gesehen habe. Wir verbrachten die Zeit mit den Großeltern.

Während ich auf die Baulücke schaue, wird das kleine Haus und seine Bewohner in der Kröpeliner Straße wieder lebendig. Ich sehe das Fallgitter vor mir, das abends als Sicherung vor der Haustür heruntergelassen wurde, und ich sehe auch meinen Großvater, in dessen Geschichten es immer spukte und schrecklichste Gestalten auftauchten, vor denen uns gruselte und von denen wir dennoch nicht genug bekamen. Mein Großvater arbeitete als Nachtwächter auf der Neptun-Werft. Er blieb für uns der liebe Geschichtenerzähler, der auf Polnisch betete und rechnete. Großmutter war streng und unnachgiebig. Sie war eine kleine, zur Rundlichkeit neigende Frau, die uns nur aus den Augen ließ, wenn sie einen Stock tiefer ihre Skatrunde hatte. Skat war ihre Leidenschaft.

Jeder sagte meinem Großvater nach, er sei furchtbar unpraktisch, Hammer und Nagel seien für ihn nicht bestimmt. Dennoch schaffte er es, im Hinterhof Kaninchenställe zu errichten und ein Kaninchenpaar zu organisieren, das in die Ställe einzog und reichlich Nachwuchs produzierte. Meine Schwester und ich hatten für das Futter zu sorgen. Wir rupften Gras und ernteten jeden Tag auf den Trümmergrundstücken der Umgebung Sauerampfer und Löwenzahn. Kaninchenfutter gab es reichlich auf unseren von Bomben planierten Spielplätzen.

Erneut ziehe ich in meinem Gedanken zum Schrebergarten, in dem uns Großmutters Schwester Anni, die ebenfalls wieder in Rostock wohnte, eine kleine Ecke zur Verfügung gestellt hatte. Jeder versuchte damals nach dem Krieg, auf irgendeiner Parzelle Gemüse oder Tomaten zu ziehen. Auch wenn Großvaters Garten schmal wie ein Handtuch war, es reichte doch, um mal Tomaten, Salat oder Mohrrüben auf den Tisch zu bringen. Er erklärte uns Kindern mit großem Nachdruck, dass als Dünger ausschließlich Pferdemist in Frage komme.

So mussten wir, jeder mit einem Eimer bewaffnet, täglich auf die Straßen Rostocks, wo vornehmlich Pferdewagen den Verkehrsfluss bestimmten, und die dampfenden Pferdeäpfel aufsammeln. Das war uns furchtbar peinlich. Doch wir waren mit dieser entwürdigenden Aufgabe nicht allein. Es gab genügend Mist für viele Sammler.

An der Kontur des untergegangenen Hauses, das auf der Brandmauer des Nachbargebäudes noch zu sehen ist, erkenne ich, wo ungefähr der Dachboden war, auf dem große Tabakblätter aufgereiht an einer Schnur hingen, auf der gleichen Leine, wo auch die Kaninchenfelle trockneten. Den Tabak baute der Großvater ebenfalls in Annis Schrebergarten an, denn mit Tabak konnte man gut handeln, er brachte Butter oder Kartoffeln. Der Tabak und die trocknenden Felle der auf unseren Mittagstisch gewanderten Kaninchen schafften zusammen einen eigenartigen Geruch. Bevor die Felle aufgehängt werden konnten, wurden sie auf der Hautseite mit einem scharfen Messer sorgfältig abgeschabt, alle Blut- und Fleischreste beseitigt. Auf dem trockenen Dachboden waren sie in der Hitze der Herbstsonne bald steif wie ein Brett. An den nächsten Arbeitsgang – wie aus den harten Brettern weiche Felle wurden – erinnere ich mich nicht mehr. Jedenfalls konnten sie erst aufgerollt werden, wenn sie ganz weich waren, und warteten dann darauf, zu Handschuhen, einem Muff oder warmen Pelzkragen verarbeitet zu werden. Mit den getrockneten Tabakblättern war es einfacher: Sie wurden übereinander gelegt und klein geschnitten.

Während ich vor dem Haus stehe, versunken in der Erinnerung an unseren Alltag damals, steigen Bilder und Gerüche in mir auf, die ich in längst vergessenen Schubladen abgelegt hatte. Ich sehe den Großvater liebevoll Blatt für Blatt seines Tabaks glatt streichen. An seinen Tabak durften wir nicht ran, das machte er ganz allein. Nur er wusste, wie fein die Blätter geschnitten werden mussten, um dann in kleine Holzkisten geschüttet zu werden. Die Holzkisten wurden immer wieder mit Wasser übergossen. So wurde der Tabak davor bewahrt, selbst zu trocken und für die Pfeife unbrauchbar zu werden.

Passanten gehen vorbei. Die Kröpeliner Straße ist *die* Einkaufsstraße für Rostock. Mir dringt Rostocker Platt ans Ohr. Auch Großmutter sprach oft plattdeutsch. Und während ich die geschäftige Straße in Richtung Kröpeliner Tor hinunterwandere und darüber staune, wie kurz die Straße in Wirklichkeit ist, denke ich an die beiden, an Franz Alexander Engler und seine Frau Martha, geborene Rachvoll, die sich in dieser Stadt kennen lernten und heirateten. Großmutter Engler, katholisch erzogen, hielt etwas auf ihren Glauben. Als sie im November 1940 in Reichenberg zu Besuch war, um den gerade geborenen Enkel zu sehen, bemerkte sie wohl eine gewisse Unsicherheit bei meiner Mutter, in welchem Glauben er erzogen werden sollte. Mein Vater war schließlich Protestant. Kurzerhand schob sie den Enkel zum nächsten katholischen Pfarrer, ließ ihn taufen und fügte dem heidnischen Uwe den christlichen Karsten hinzu, überreichte der überraschten Mutter die Taufdokumente und reiste zurück nach Danzig. Was mag Wolfgang damals gedacht haben, als sich seine Schwiegermutter derart in sein Familienleben drängte?

In Rostock achtete sie ebenfalls streng darauf, dass wir regelmäßig den Kommunionsunterricht besuchten und keine Stunde versäumten. Der Kirchgang am Sonntag war selbstverständliche Pflicht. Und als ich jetzt so viele Jahre danach den Weg zur Kirche einschlage, sehe ich meine Schwester und mich vor mir, eilig und darauf bedacht, den Gottesdienst pünktlich zu erreichen. Ich sehe weder Ursel noch die Großeltern. Für sich selbst nahm Großmutter die Sonntagspflicht nicht so ernst. Sie hatte immer unaufschiebbare Aufgaben, mal war es das Grab ihrer Eltern, das sie dringend besuchen musste, mal galt es, Tomaten aus dem Schrebergarten zu holen. Wir Kinder glaubten ihr damals alles.

Ich muss laut lachen bei der Erinnerung daran, wie sie uns auf die Schliche gekommen war, dass wir alle zwei Wochen statt zur Kirche zum Kino abbogen. Dort gab es sonntagmorgens dramatische Revolutionsschinken aus sowjetischen Filmstudios mit deutschen Untertiteln. Die Guten und Bösen waren selbst für uns Kinder leicht zu identifizieren. Und wir waren jedes Mal schwer beeindruckt und erzählten uns auf dem Heimweg noch einmal, was wir gerade gesehen hatten. Eines Tages stand sie vor dem Kino, die kleine Gewalt. In der Hand hielt sie ihren Teppichklopfer, der noch jedem Teppich den Staub aus der Faser geschlagen hat. In meiner Erinnerung war er riesengroß. Es war ein schmerzhafter Heimweg, der uns jeden Gedanken, je wieder eine Matinee zu besuchen, austrieb.

Ob sie Ursel von diesen Erziehungsmethoden erzählte, abends, wenn wir längst im Bett waren, ich weiß es nicht. Ich weiß nur, dass Ursel einigermaßen verdutzt, eher vielleicht doch amüsiert zuhörte, als wir vom »Hävelmann« berichteten, vor dem wir großen Respekt hatten. Der »Hävelmann« war Großmutters letzte Instanz, wenn es darum ging, ihren Anweisungen, gegebenenfalls auch Verboten, Nachdruck zu verleihen.

Bis heute weiß ich nicht genau, was der »Hävelmann« eigentlich für ein Geschöpf war. Großmutter sagte immer, »alle bösen Kinder kommen zum Hävelmann«. War es ein Zwerg oder Riese? Sie blieb in ihrer Schilderung eher ungenau. Gegen Abend mussten wir dann vor Angst schlotternd mit ihr in die einbrechende Dämmerung die Kröpeliner Straße hinunter in Richtung Tor. Bis dahin hatte sie uns jedes Versprechen abgerungen. Unsere Erleichterung war enorm, wenn sie sich erweichen ließ, den Besuch beim »Hävelmann« noch ein letztes Mal zu verschieben.

Als die Kröpeliner Straße nicht mehr nach dem gleichnamigen Tor, das allerdings weiter so heißen durfte, sondern nach dem grausigen Mann im Kreml benannt wurde, und wir plötzlich in der Stalinstraße wohnten, änderte sich für uns Kinder nichts. Die politische Landschaft, in der diese Jahre in Rostock eingebettet waren, betraf vor allem die Erwachsenen. Rotarmisten sahen wir ohnedies selten. Sie waren kaserniert. Manchmal am Abend, wenn wir schon im Bett lagen und Omas Ruf gefolgt waren, »Kinder es ist sechs Uhr, marsch ins Bett«, konnten wir sie allerdings hören. Ein verwehter Gesang, der näher kam. Und dann drang uns lautmalerisch ein Lied ans Ohr, das die vorbeimarschierenden Soldaten der Roten Armee sangen:

»Moskwa ma-ja, habutschija«, verstanden wir oben in unseren Betten. Der Refrain eines russischen Marschliedes, den wir mitsingen konnten, ohne jede Ahnung, was wir da sangen.

Manchmal am späten Abend wurde es auf der Straße unten unruhig. Dann hörten wir erneut russische Laute von meist ziemlich angetrunkenen Soldaten, laut singend oder rufend. Manchmal hallten Schüsse durch die Nacht, manchmal auch kreischende Frauenstimmen, abebbend und wieder lauter werdend. Wir waren längst aufgewacht und ins Wohnzimmer umgezogen. Alle waren auf. Ursel lief die Stiege hinunter, um zu prüfen, ob das Eisengitter verschlossen war, während oben der Großvater im Zimmer auf und ab stapfte, in der rechten Hand einen knorrigen Spazierstock schwingend und unter dem Ruf »Die sollen mir nur hier raufkommen« seine imaginären Feinde in die Flucht schlug. Bärbel und ich waren tief beeindruckt. Wir waren überzeugt, solange der Großvater da war, konnte uns kein Russe etwas antun.

Unsere Zeit in Rostock. Wenn Ursel abends nach Hause kam, schaute sie noch einmal nach uns, setzte sich zu uns ans Bett. In den ersten Nachkriegsjahren konnten wir manchmal von Abenteuern erzählen, wie sie heute unvorstellbar sind. Im kalten und schneereichen Winter 1946/47 waren wir mit Großvater quer durch die Stadt gewandert, hinein in die Abenddämmerung. Langsam näherten wir uns der Hafengegend, dort, wo die Kohlenschiffe ausgeladen wurden. Offene Güterwaggons, auf die tagsüber Hafenarbeiter die Braunkohle schaufelten, waren auf die Nebengleise geschoben, die zum Hafen führten. Die Kräne funktionierten noch nicht oder waren abgebaut, so dass per Hand umgeladen werden musste. Abends wurden die beladenen Züge bewacht. Um nicht gesehen zu werden, warteten wir die Dunkelheit ab. Güterwagen und Hafengelände waren nur schwach beleuchtet. Ein paar schwarz lackierte Industrielampen hingen leise scheppernd an Holzmasten. Sie schwankten leicht im Wind. Mal warfen sie ihr Licht auf die Waggons, mal auf den von Kohlestaub gesättigten Boden, schwarzer Schnee. Wir waren nicht allein. Links und rechts waren Schlitten abgestellt. Auch wir waren mit dem Schlitten gekommen.

Mein Großvater, der im Hafen als Nachtwächter Dienst tat, kannte sich gut aus. Er wusste genau, wann die Wachen an den Zügen im Hafen entlangpatrouillierten und wann sie in ihrer Baracke saßen, um sich aufzuwärmen. Wir warteten auf Großvaters Zeichen und lauschten auf den Rhythmus der Lampen, die sich quietschend im Wind bewegten. Länger als zehn Minuten waren die Wachen nie weg. Großvater gab das Zeichen, und wir rannten zu den Waggons hinüber, rutschten unter die Wagen und luden unsere Eimer voll. Dann schnell zurück zum Schlitten, um in der Dunkelheit zu verschwinden. Wir befeuerten unseren Kohleofen und den Herd in der Küche – zwei Tage wieder eine warme Stube.

Erinnerungen irrlichtern manchmal. Aber genauso war die Stimmung, wenn wir auf Kohlenklau waren. Ob wir Angst hatten? Ich muss es vermuten, jedenfalls waren wir erfüllt vom Nervenkitzel einer gefährlichen Mission. Ursel gegenüber schnurrte unser Abenteuer zu einem kleinen Ausflug zusammen. Nichts, was sie ängstigen musste. Sie war unser abendlicher Engel. Wenn sie heimkam, uns schnell noch ein Brot machte, weil wir schon wieder Hunger hatten, und uns anlächelte, dann war unser Leben hell und schön.

Eher komisch, wenn auch nur rückblickend, war der politische Unterricht in den ersten fünf Schuljahren. Das Klassenkollektiv gehörte vom ersten Schultag an automatisch zu den Jungen Pionieren. Im weißen Hemd, mit blauem Halstuch und der Parole »Seid bereit – Immer bereit!« schworen wir begeistert, den Sozialismus zu beschützen. Eines Tages fiel der Unterricht aus, und wir mussten zu den Bauern auf die Felder, um

Kartoffelkäfer zu sammeln. Die ruchlosen Imperialisten, so war uns in der Schule erklärt worden, hatten die Käfer auf die Felder gestreut. Wir zogen also aus, den Kartoffelkäfer zu besiegen, und waren stolz, damit dem imperialistischen Feind eine Niederlage beizubringen. Es war meine erste, einzige und glücklicherweise unblutige Schlacht, die ich für den »Arbeiter- und Bauernstaat« schlagen musste.

Gelegentlich kamen Abgesandte der Freien Deutschen Jugend zu uns in die Schule. So erzählten sie vom großen sozialistischen Weltjugendfest in Berlin und berichteten, wie sie auch dort dem trickreichen »imperialistischen Feind«, der in diesem Fall mit Orangen und Bananen gelockt hatte, die kalte Schulter gezeigt hätten. Schon wieder ein Sieg des dem Kapitalismus überlegenen sozialistischen Gesellschaftsmodells. Wir kleinen Schüler waren stolz auf unsere FDJ, die Orangen und Bananen trotzend die Imperialisten geschlagen hatten. Nur wussten wir damals nicht ganz genau, was Orangen und Bananen waren. Erst als wir einige Monate später mit unserer Mutter das zerstörte Berlin besuchten, lernte ich diesen speziellen Feind unserer Freien Deutschen Jugend kennen. Er war durchaus wohlschmeckend, wenn auch die Banane erst beim zweiten Versuch schmeckte. Bärbel und ich, unwissend wie wir waren, hatten in die gelbe Schale gebissen. Der Ausflug blieb mir unvergesslich – auch wegen der verwitterten Werbeparolen aus der Vorkriegszeit, die an Hauswänden und U-Bahn-Schächten zu entziffern waren. Eine fanden Bärbel und ich besonders zum Lachen: »So nötig wie die Braut zur Trauung, ist Bullrich-Salz für die Verdauung.«

KAPITEL 5

Wieder auf der Flucht

Wir ahnten nichts von dem, was Ursels Alltag ausmachte. Wir wussten nichts von der politischen Wirklichkeit, den ideologischen Schattenrissen, von der Welt der Erwachsenen in den ersten Jahren nach dem Krieg, bis sich zwei deutsche Staaten aus dem weltpolitischen Gegensatz von Ost und West herausgemendelt hatten. Ursels Alltag war davon bestimmt. Sie wusste, als sie die Zwangsvereinigung von SPD und KPD beobachtete, dass sie irgendwann vor der Entscheidung stehen würde, zu gehen oder zu bleiben.

Als Organisationssekretärin in der Gesellschaft für Deutsch-Sowjetische Freundschaft war sie im Zentrum der ideologischen Grabenkämpfe zwischen diversen Fraktionen der SED. Sie kannte eine Reihe der zwangsvereinigten Sozialdemokraten, die sich lange und erbittert gegen die Vereinnahmung durch die KPD gewehrt hatten und sich doch eines Tages als Mitglieder der Sozialistischen Einheitspartei wiederfanden. Sie war verstrickt mit jenen, die in Opposition standen zur Macht der Apparate und Apparatschiks. Denen also, für die die Diktatur des Proletariats nicht der lichte Tempel, sondern eher der dunkle Korridor war, der wegführte von dem, was sie sich unter Sozialismus vorstellten. Viel später hat sie dann in einer Petition an den Beschwerdeausschuss des Notaufnahmelagers Uelzen-Bohldamm über diese Zeit berichtet. Ihr war gerade der Ablehnungsbescheid für die Anerkennung als politischer Flüchtling aus der DDR zugegangen. Dieses Dokument, in dem sie ausführlich, aber kühl und sachlich, zugleich ungewöhnlich prägnant die Begründung der Ablehnung zerpflückt hat, zeigt, unter welchem Druck sie damals in Rostock gestanden haben muss.

Sie hatte sich vehement geweigert, Mitglied der SED zu werden, was bei einer Anstellung bei der Gesellschaft für Deutsch-Sowjetische Freundschaft den Argwohn des Regimes erregen musste. Sie weigerte sich auch, als sie ständig bedrängt wurde, diese Entscheidung zu überdenken. Freunde warnten sie; es mehrten sich die Zeichen, unter Beobachtung zu stehen. Die Flucht wurde unausweichlich. Sie begann heimlich mit den Vorbereitungen, und als der Plan stand, reichte sie die Kündigung ein.

1948 hatte sie Norah kennen gelernt, eine junge Sopranistin, die Gesangunterricht bei einer russischen Lehrerin nahm. Wir Kinder waren einige Male dabei, wenn Ursula Norah von ihrem Unterricht abholte. Sie war für mich damals das Inbild einer strahlenden Schönheit. Grazil, bestimmt einen halben Kopf größer als meine Mutter. Strahlende blaue Augen, dazu naturschwarzes Haar, das sie halblang trug. Schmale, schöne Hände, die ich immer gern ansah, die ich festhielt, wenn sie leicht über mein Haar streichelten. Ein schmales, ebenmäßiges Gesicht, eine kleine Nase und ein etwas zu dünner, sehr energischer Mund. Dazu war sie klug und vielsprachig. Sie sprach Russisch, Französisch, Englisch, alle Sprachen fließend. Sie war in Paris und London aufgewachsen, ihr Vater war Kaufmann. Im Krieg waren ihre Eltern irgendwo und irgendwie umgekommen.

Ihre Lehrerin war äußerlich das genaue Gegenteil. Das Gesicht breitflächig mit hohen Backenknochen und braunen Augen. Aschblond, die Haare zu einem Zopf geflochten, der wie eine Krone um den Kopf gelegt war, eine Frisur, die sich bei Russinnen großer Beliebtheit erfreute. Jede Zweite, so schien es mir, hatte eine derartige Zopfkrone. Sie war nicht wirklich dick, aber auch nicht schlank. Sie wirkte streng und unnahbar und sprach mit Norah nur Russisch. Sie machte kein Hehl daraus, dass unsere Anwesenheit für sie störend und von ihr nicht erwünscht war.

Ich glaube, Ursula und Norah haben sich anlässlich eines Konzerts der Gesellschaft für Deutsch-Sowjetische Freundschaft kennen gelernt. Norah und wir Kinder, das war Liebe auf den ersten Blick. Heute ist mir klar, dass unser Auftauchen für ihre Lehrerin eine schwere Prüfung war. Ich glaube, sie liebte ihre Schülerin, deren erstes Konzert sie auf dem Flügel begleitete. Was aber war und wurde Norah für Ursula? Eine Freundin – es war wohl mehr. Sie fanden sich über die Musik, und sie liebten sich. Zwei junge Frauen, die eine Mitte Zwanzig, die andere zehn Jahre älter. Wir wurden eine Familie. Zusammengeschweißt in den ersten Nachkriegsjahren.

Mit Norah wurde Ursulas Leben wieder mit Musik gefüllt. Freunde hatten ein Klavier, und wann immer es möglich war, spielte sie ihre Etüden, übte Läufe, und mit jeder Note, so stelle ich es mir vor, war ein Glücksmoment verbunden. Norah mit ihrem strahlenden Koloratursopran war der Leitstern. Ihrem Lebenstraum als Künstlerin war Ursula wieder nahe. Mit dieser unverhofften Liebe ging der Vorhang wieder auf, der ihr den Blick auf eine andere Lebensbühne so lange verwehrt hatte.

Wann und wie oft mögen sie sich getroffen haben, um über den Übertritt von Ost nach West zu reden. Ursula fühlte sich, wie sie später in ihrer Petition an den Beschwerdeausschuss schrieb, schon länger beobachtet und verfolgt. Immer wieder kamen auch Warnungen und Botschaften von Freunden, die mahnten, vorsichtig zu sein. Es fanden konspirative Treffen statt, um die Flucht vorzubereiten. Der Plan, über Berlin den Weg nach Westen zu nehmen, war fallen gelassen worden. Wenn der Verdacht und die Hinweise, von denen sie später schrieb, zutrafen, dann wäre eine Zugreise zusammen mit den Kindern nach Berlin zu auffällig gewesen. Es musste also ein Weg gefunden werden, der ihren geheimen Verfolgern unverdächtig erscheinen würde.

So kamen sie darauf, meine Schwester und mich in einem der vielen Kindertransporte, die vom Roten Kreuz auf die Reise geschickt wurden, zu verstecken. Der Kontakt war über einen Freund hergestellt worden. Ursel kündigte und nahm ihren Urlaub – so erhoffte sie sich ein kleines Zeitfenster, in dem ihr Verschwinden unbemerkt bleiben würde. Einer der Rotkreuzbegleiter, ein Sozialdemokrat, hatte sich bereit gefunden, meine Schwester und mich in den nächsten Transport einzuschleusen und uns so nach Westen zu schmuggeln. Nicht ungefährlich für alle Beteiligten. Der DRK-Suchdienst führte diese Transporte durch. Züge mit bis zu 140 Kindern und einigen Begleitern fuhren regelmäßig nach Westen, wenn es die Eltern oder Verwandten dorthin verschlagen hatte. In den Kriegs- und Nachkriegswirren waren viele Familien auseinander gerissen worden. Eltern waren von ihren Kindern getrennt, hatten sich auf der panischen Flucht nach Westen verloren. Familienzusammenführung also. Das Ziel für uns beide war Köln, wo uns Abgesandte des Klosterinternats in Empfang nehmen sollten, in dem Ursula als Schülerin gewesen war. Eine Verwandte war dort einmal Studienrätin gewesen, und die Ursulinen waren einverstanden, uns für eine gewisse Zeit aufzunehmen. Norah und Ursel wollten bei günstiger Gelegenheit nachkommen. Sie wollten die deutsch-deutsche Grenze im Harz überwinden.

Wie viel Ungewissheit war für Ursel mit diesem Plan verbunden. Wie sicher konnte sie sein, dass der Zug an der Zonengrenze nicht doch noch einmal überprüft und die kleinen Reisenden und ihre Zahl mit den Begleitpapieren verglichen werden würden. Die Wahrscheinlichkeit sprach dagegen, aber sicher war es nicht. Welche Ängste müssen sie beschlichen haben, die eigenen Kinder ganz allein in den Zug zu setzen. Ich habe sie nie darüber reden hören. Vielleicht, weil auch diese Entscheidung, die sie doch ganz allein hatte treffen müssen, ihre innere Einsamkeit noch vergrößert hat. Nicht einmal in den vielen konspirativen Treffen bei der Vorbereitung dieser zweiten Flucht, diesmal aus Rostock, aus einem Leben, das gerade Gestalt anzunehmen schien, in dem sie so etwas wie einen normalen Alltag hätte haben können, hat sie ihren Sorgen Raum und Gespräch geben können. Sonst hätte sie vielleicht doch die Risiken gescheut. Ihr Vertrauen zu den Mitwissern, den Tipp-Gebern muss groß genug gewesen sein. Wie sonst hätte sie die Trennung von den Kindern verkraftet und sich selbst und ihre Entscheidung ausgehalten.

Nein, Ursula hat uns damals, Ende Juni 1950, nicht zum Bahnhof gebracht, damit wir den Kindertransport von Ost nach West erreichen und die lange Reise nach Köln antreten konnten. Ich bin sicher, dass sie selbst auf diesen für sie sicher so wichtigen Abschied verzichten musste, um keinen Verdacht zu erregen. Norah ist für sie eingesprungen. Sie war jedenfalls am unverdächtigsten und durch ihre Nähe zur sowjetischen Besatzung als Schülerin einer russischen Gesangspädagogin auch nicht im Visier der noch im Aufbau befindlichen Staatssicherheit der DDR.

So stelle ich mir denn heute, in diesem nachgereichten Gespräch, vor, wie Ursula in der kleinen Wohnküche in der Stalinstraße allein zurückblieb, erneut allein mit all ihren Zweifeln. Ich stelle mir vor, wie du, meine Mutter, die ich mal Ursel und manchmal Urselchen, aber nie Mama nannte, noch einmal jedem Handgriff nachspürtest beim Packen unseres kleinen Reisegepäcks. Wie du in Gedanken noch einmal jedes Kleidungsstück in die Hand nahmst, das du uns mitgeben wolltest. Erst heute, da ich selbst Kinder habe, erkenne ich die Ungeheuerlichkeit dieses Augenblicks.

Man stelle sich vor, ein Zug mit fast 140 Kindern, und dennoch war kaum ein Laut zu hören. Die Stille im Zug erinnere ich als besonders beklemmend. Auch meine Schwester, die sonst vor Lebensfreude zu platzen schien, saß blass und ganz nach innen gerichtet neben mir. Jedes Mal schreckte sie auf, wenn der Zug seine Fahrt verlangsamte und manchmal auf offener Strecke stehen blieb. Dieses stampfende Fauchen der Dampflok höre ich noch immer. Ich spürte ihre schweißnasse Hand, wenn sich die Abteiltür öffnete, und fühlte ihre Erleichterung, wenn sie eine Rotkreuzschwester gewahrte, die Becher mit dampfendem Kamillentee anbot. Ich ahnte nicht, dass Bärbel eingeweiht war in Ziel und Gefährlichkeit unserer Reise. Mir, dem Kleinen, hatte Ursel nichts gesagt.

Dieser Zug und seine schweigsamen kleinen Passagiere waren mir daher ein Rätsel. Wie hätte ich ahnen können, was ihnen den Mund verschloss. Ich entzifferte die kleinen Pappschilder, die sie um den Hals trugen. Auf manche waren Fotos geklebt. Heute weiß ich, dass der eine oder die andere ein Foto der Eltern hatte. Viele waren es nicht. Ich entzifferte Städtenamen, den Bestimmungsort. Ich sehe noch immer diesen scheuen Griff nach dem Pappschild, um wieder das Foto zu betrachten.

Heute kann ich mir vorstellen, was diese Reise für sie bedeutete. Irgendwann und irgendwo werden sie erfahren haben, dass der Suchdienst ihre Eltern ausfindig gemacht hat. Und heute weiß ich, dass auch Züge in die Gegenrichtung fuhren, von West nach Ost. Welche Freude muss in ihnen aufgestiegen sein bei dem Gedanken, eine Familie zu haben. Eine eigene Familie, eine eigene Mutter, vielleicht einen eigenen Vater. Wie haben sie sich dieses Wiedersehen ausgemalt? Welche Gesichter, wenn sie kein Foto hatten, haben sie Mutter und Vater gegeben, an die manche sicher keine eigene konkrete Erinnerung hatten? Kein Wunder, dass sie keinen Laut hervorbrachten.

Oft werden sie zitternd und voller Angst überlegt haben, was passiert, wenn irgendwo im Westen die Eltern auf einem Bahnhof sie nicht erkennen? Wenn sie aneinander vorbeigehen und nichts geschieht.

Als wir in Köln aus dem Zug stiegen, mit unserem kleinen Gepäck, und meine Schwester sichtlich erleichtert auf eine ältere Frau zusteuerte, die, wie ich dann später lernte, Nonne bei den Ursulinen war, die auch in Köln ein Kloster hatten, waren wir beide so erschöpft, dass wir nichts von dem wahrnahmen, was sich an Wiedersehensfreude um uns herum auf dem Kölner Bahnhof abgespielt haben muss. Wir waren im Westen angekommen.

KAPITEL 6

Im Westen

Da saßen wir, vor uns ein Stück Torte, und schickten unser Gelächter, unsere Freude in das Café, wo wir im ersten Stock an einem Tisch mit Blick auf den Markt Platz genommen hatten. Nur wenige Tische waren besetzt. Draußen schien die Sonne, Ende August 1950. Wir saßen endlich zusammen an einem Tisch: Norah, Ursel, Bärbel und ich.

Knapp zwei Monate waren vergangen seit unserer Ankunft in Köln. Eine Übernachtung in der zerbombten Domstadt, dann ging die Zugreise weiter, diesmal in Begleitung einer Nonne, die im Wechsel in einem kleinen, schwarz eingebundenen Buch las oder nur die Lippen bewegend den Rosenkranz betete, Perle für Perle zwischen Daumen und Zeigefinger drehend, weiter schiebend, die nächste Perle zu fassen, bis der Rosenkranz umrundet und ihr Gewissen erleichtert, ihre Bittgebete erhört schienen, um dann wieder zum Buch zu greifen. Sie hatte Begleitung der beiden Kinder wörtlich genommen. Ein Gespräch kam nicht zustande.

Wir lebten fast zwei Monate bei den Ursulinen, nahe Osnabrück, bis an einem Augusttag eine Novizin Bärbel und mich zur Äbtissin führte, lange Korridore entlang, an dicken schwarzen und schweren Türen vorbei, mit hallenden Schritten über Steinböden. Immer wieder Kruzifixe, bis wir vor dem Büro standen, das ebenfalls eine schwere Holztür verschloss, hinter der wir nichts Gutes vermuteten. Wir mussten vor der Tür warten. Vorsichtiges Anklopfen der jungen Frau im weißen Ornat, sie trat ein. Tür zu, Tür auf, ein kurzes Winken der schmalen Hand, die aus dem weißen, jungfräulichen Ärmel ragte. Wir traten ein, und Bärbel jauchzte, und ich stand erstarrt und fühle noch heute, wie mir Tränen herunterliefen, die ich immer wieder ein wenig verstohlen mit den Händen abzuwischen versuchte. Norah nahm mich in den Arm, und dann gelang es Ursel, wenigstens eine Hand von der an sie geklammerten Bärbel zu lösen und mir über den Kopf zu streichen. Wir hatten uns wieder. Ein Albtraum war zu Ende.

An diesem Nachmittag des wunderbaren Wiedersehens, auf das wir so intensiv gehofft hatten, nach den vielen Wochen ohne Nachricht und vielen schlaflosen Nächten, an diesem Nachmittag erfuhren wir wenig über den Weg, den Ursel und Norah aus Rostock zu uns genommen hatten. Ihre Flucht erschloss sich uns erst viel später, Stück für Stück nach bohrenden Fragen. Auch Bärbel und ich haben über die Zeit hinter den Mauern des klösterlichen Internats nicht gleich Auskunft geben können. Auch das gelang erst mit etwas Abstand. Doch die knapp acht Wochen, die wir dort verbrachten, blieben tief eingegraben in unserem Gedächtnis.

Ursula hatte über den katholischen Pfarrer in Rostock, bei dem wir Kinder Kommunionsunterricht gehabt hatten, von unserer glücklichen Ankunft in Köln erfahren. Jetzt galt es, den zweiten Teil des Fluchtplans zu entwickeln und in die Tat umzusetzen. Auch hierfür brauchten sie Helfer und Vermittlung. Von einem Freund bei der Volkspolizei bekamen sie den Tipp, über den Harz die Grenze zu überwinden. Zugleich erhielten sie die Kopie einer Karte mit dem genauen Grenzverlauf. Noch waren Ost und West nicht hermetisch abgeriegelt. Noch wurden ganze Grenzbereiche nur von Polizeistreifen mit Hunden bewacht. Wer sich auskannte, konnte relativ unbehelligt über die Grenze gelangen. Sie brauchten also jemanden, der sich auskannte. Norah, selten begleitet von Ursula, das schien beiden zu gefährlich, fuhr zusammen mit ihrer russischen Lehrerin und dann, als man beide in dem Gasthaus, etwa 20 Kilometer vor der Grenze kannte, auch allein zu Wochenendausflügen in den Harz. Hier freundete sie sich mit dem Wirt an und ging das Risiko ein, ihn über ihren Fluchtplan aufzuklären. Selbst uns gegenüber wurde sein Name oder der seines Gasthofs nie preisgegeben, auch der genaue Ort, von dem aus sie die Flucht über die grüne Grenze wagten, blieb uns verborgen. Der Wirt hat das Vertrauen nicht enttäuscht und, soweit es ihm möglich war, alle Informationen zusammengetragen, die für einen möglichst gefahrlosen Übergang von Ost nach West im immer eisiger werdenden Kalten Krieg notwendig waren.

Der Zeitpunkt der Flucht war dann eher zufällig. Den letzten Anstoß hatte die Information gegeben, dass die Grenzbefestigungen mit Zaun und Stacheldraht weiter vorangetrieben werden sollten und der Moment absehbar war, von dem an keine Maus mehr ungesehen die Grenze überwinden würde. An einem August-Wochenende 1950 trafen Ursula und Norah als scheinbare Kurzurlauber in dem kleinen Gasthaus ein, wo der beschwerliche Weg über die Grenze beginnen sollte. Sie hatten mit dem Wirt ein Täuschungsmanöver verabredet. So kam es am Sonntagnachmittag zu einer lautstarken Verabschiedung in der Gaststube. Kaum draußen, schlüpften beide Frauen durch den Hintereingang des Hauses wieder hinein und verbrachten bis zur Dämmerung die Zeit in der Wohnung des Wirtes. Über Feldwege, Wiesen und durch den Wald gingen sie dann den langen Weg zur Grenze. Die Nacht war mondhell. Mehrere Stunden Fußmarsch lagen vor ihnen, immer begleitet von der Angst, entdeckt zu werden.

Während ich diese zweite Flucht rekonstruiere und die Erinnerungsbrocken zu einem Bild zusammenzufügen versuche, kommt mir in den Sinn, wie viel Mut und welche Willensstärke notwendig sind, um immer wieder die Kraft zu finden,

den eigenen Weg zu gehen, sich nicht einfach treiben zu lassen. Du, Ursel, wusstest die Kinder, jedenfalls auf Zeit, sicher dort hinter den Klostermauern mit dem wunderschönen Park. Was du nicht wusstest, das war, dass dein Sohn dann und wann auf einem Wipproller über die gewundenen Wege jagte, auf dicken Ballonreifen auf schmalen Pfaden zu seiner Lieblingsstelle im hinteren Teil des Parks rollte, wo so schnell niemand hinkam. Um zu uns zu kommen, tratet ihr, Norah an deiner Seite, diese beschwerliche Nachtwanderung mit ungewissem Ausgang an. Ohne Norah wäre es fraglich gewesen, ob es zu dieser Flucht gekommen wäre. Ihre Umsicht und Vorsicht, den Fluchtplan zu fassen und ihn Schritt für Schritt und unbeirrt zu verwirklichen, müssen zusammen gedacht werden. Noch wichtiger war es für dich, nicht allein zu sein, nein, eine verlässliche Freundin an der Seite zu wissen, die mit dir einen Teil der Bürde tragen würde. Das war etwas, was du vorher lange vermisst hast: Verantwortung zu teilen und durch den anderen Zuversicht zu schöpfen.

Sie hatten die Grenze überschritten und waren längst auf westdeutschem Gebiet, ohne es bemerkt zu haben. Irgendwann am frühen Morgen hatten sie es an den Autokennzeichen erkannt: »Wir sind im Westen.« In den vielen Gesprächen, die mir so nach und nach einfallen, ließ Ursula ihren Kindern gegenüber nie ein Missverständnis darüber aufkommen, wer für sie die Schuld daran hatte, dass sie wie Millionen andere aus sicheren Lebensbezügen geschleudert worden war. »Ohne den Hitlerismus«, wie sie es nannte, hätte unser Leben anders ausgesehen.

Und so verstand sie dann auch unsere Erzählungen aus der Welt hinter den Mauern des Klosters. Sie lachte laut auf, als wir ihr erzählten, dass wir uns beim besten Willen auf keine lässliche oder schwere Sünde hatten besinnen können, um sie einmal wöchentlich zu beichten. Da wir stumm vor dem Beichtstuhl knieten und nicht wussten, was zu sagen, reagierte der Priester höchst indigniert und gab uns erst recht mehrere »Vaterunser« auf, weil wir mit unseren Sünden offenbar hinter dem Berg hielten. Wir lernten also, dass wir dringend Sünden mitzuteilen hatten. Da lachte sie in Erinnerung an ihre eigene Internatszeit. Schließlich haben meine Schwester und ich vor jeder Beichte vereinbart, wer welche Sünde beichten sollte, damit unsere Geständnisse nicht zu ähnlich wurden. Besonders interessiert war der Pfarrer, von mir zu erfahren, ob ich angesichts der Mädchen im Internat – schließlich sei ich doch der einzige Junge – unkeusche Gedanken hätte. Auch damit konnte ich nicht wirklich aufwarten. Aber ich gab es dann zu, ohne genau zu wissen, was unkeusch eigentlich bedeutet. Leider konnte ich nicht mit Details dienen, was den Pfarrer wiederum zu enttäuschen schien.

Diese ständige Unterstellung war eine schmerzliche Erfahrung, die ich in Worten, Gesten und in der Körpersprache der christlichen Erzieherinnen mir gegenüber empfand, so als ob ich mit einem Geburtsfehler ausgestattet sei. Nein, ich war noch nicht in der Lage, irgendwelche sexuell stimulierten Gedanken zu hegen oder Handlungen zu begehen. Und als ich unter den Abiturientinnen eine Freundin gefunden hatte und damit jemanden, der Interesse an meinem kleinen Leben zeigte, da erhielt ich Zugangsverbot zu den Gemeinschaftsräumen der Mädchen. Nur selten konnte ich meine große Freundin an meinem versteckten Lieblingsplatz im Park treffen und mir meine Sorgen von der Seele reden. Ohne sie aber hätte ich die zwei Monate nur in schrecklicher Erinnerung. Es dauerte sehr lange, bis ich diese Klostererfahrung auf den großen Haufen menschlicher Unzulänglichkeit ablegen konnte. Dazu trugen auch die Gespräche mit Ursula bei, deren religiöse Abstinenz auch durch ihren Internatsaufenthalt in eben diesem Institut geprägt worden war.

Was wir, Bärbel und ich, spürten und was uns beiden zu schaffen machte, das war die offenkundige Unbeholfenheit, mit der wir von den Schwestern in Nonnentracht in das Internatsleben einbezogen, eigentlich jedoch soweit wie möglich ausgeschlossen wurden. Diese beiden, ihnen als Mündel auf Zeit angedient, waren eher ein Störfaktor. Hauptsächlich ich war ein ständiger Gegenstand ihres Misstrauens. Ein Junge eben, der höchstens die Phantasie der Nonnen entzündete, jedenfalls nicht die der Schülerinnen, die zwischen zwölf und siebzehn Jahre alt waren. Das gelang schon eher den Messdienern, die am Sonntag zusammen mit dem Pfarrer die Messe in der Klosterkirche zelebrierten. Die standen voll in der Pubertät und wurden mit flirrenden Blicken gemustert.

Im Übrigen begann jeder Morgen vor dem Frühstück mit der Frühmesse. Nachmittags wurde zum kurzen Gebet gerufen und abends noch einmal. Jede Woche Beichte. Irgendetwas müssen die wackeren Pädagoginnen in ihrem Glauben und in ihrer Gottesfurcht falsch verstanden haben. Mein Gott jedenfalls war das nicht, den sie da anbeteten. Meiner hätte dafür gesorgt, dass den beiden Kindern, die da wie fehlgeleitete Post angelandet waren, mit ihren Ängsten und traumatischen Erfahrungen und ihrer wachsenden Furcht, wann und ob überhaupt sie die Mutter wiedersehen würden, mit Verständnis und Trost begegnet worden wäre. Wie hat uns das gefehlt. Immerhin, wir Geschwister hatten ja uns. Und ich hatte noch den Wipproller und konnte durch den Park jagen hinein in meine Phantasiewelten, in denen es licht und schön war, mal als Ritter, mal als Indianer, umgeben von liebevollen Feen.

Die Rechnung damals im Café, als wir unser glückliches Wiedersehen feierten mit Sahnetorte und einer »guten Tasse Kaffee«, wie Ursel nicht müde wurde zu erinnern, haben Bärbel und ich aus unserem Ersparten beglichen. Wir hatten die Aufgabe, für die Schülerinnen des Internats Post und Pakete vom Postamt abzuholen. Dafür schoben wir einen zweirädrigen Karren mit glatter Ladefläche, an den Seiten von einer schmalen Leiste begrenzt, damit die Pakete nicht herunterrutschen konnten. Manchmal türmten sich die Pakete auf dem Karren, und wir hatten unsere liebe Mühe, das Gefährt unter Kontrolle zu halten und es zugleich vorwärts zu bewegen. Für jede Fahrt erhielt jeder von uns 20 Pfennig. Im Café jedenfalls konnten wir stolz das Geld für die Rechnung auf den Tisch legen.

Nein, der Abschied vom Kloster fiel mir nicht schwer. Schwerer wog da schon die kurzfristige Trennung von meiner Schwester. Sie sollte nachkommen, wenn wir, Ursula, Norah und ich, uns in Hamburg eingerichtet hatten. Das war unser nächstes Ziel. Wieder eine neue Stadt, wieder ein Anfang. Während Bärbel die Sommerferien bei einer Freundin verbrachte, die sie im Internat kennen gelernt hatte, erreichten wir die Sophienterrasse, eine Querstraße des Mittelweges, eine exklusive Adresse in Hamburg. Norah hatte dieses Quartier besorgt. Es war ein Pfarrhaus, als solches allerdings nicht mehr genutzt. Ich sehe uns noch ziemlich vergnügt auf dem Fußboden sitzen, vor uns ausgebreitet eine Tischdecke. Wir besaßen ja weder Tisch noch Stühle. Es gab drei Feldbetten und im Tiefparterre eine eingerichtete Küche, die mit einem kleinen handbetriebenen Essensfahrstuhl in die oberen Räume ausgestattet war. Wir fühlten uns wie die Könige und waren irgendwie zu Hause.

Ursel fand schnell einen Job als Sekretärin beim Stern-Verlag, und Norah tingelte durch die Plattenstudios von Hamburg. Mal war sie Hintergrundsängerin bei Gerd Wendland, einem damals berühmten Schlagerstar, dem sie schon mal die Melodie vorträllern musste, bis der Schlager saß und zumeist, jedenfalls für ihn, ein Erfolg wurde. Mal ein Liederabend in kleinen Konzertsälen, mäßig besucht. Ursel als Begleitung am Klavier.

Immer wieder denken Bärbel und ich an die Hamburger Zeit zurück. Es waren die zwei glücklichsten Jahre unserer Kindheit. Obwohl alles um uns herum nach Aufstieg und beginnendem Wirtschaftswunder roch, und ebenfalls um uns herum die alteingesessenen Hamburger Familien wieder zum Alltag zurückkehrten, hatten wir nie das Gefühl Außenseiter zu sein. Die Sophienterrasse war unsere Spielstraße. Das Funkhaus, der Hamburger Teil des damaligen NWDR, lag genau gegenüber, auf der anderen Seite des Mittelweges, und um uns herum lebte ein Künstlervölkchen nebst Abkömmlingen. Vorbehalte gab es jedenfalls keine. Wir grüßten Ernst Schnabel, den damaligen Intendanten des NWDR, und sahen Hilde Krahl, die berühmte Schauspielerin, die gemeinsam mit ihrem Lebensgefährten, dem Regisseur Wolfgang Liebeneiner, in unserer Nachbarschaft lebte. Manchmal sahen wir auch Hannelore Schroth oder Marianne Hoppe.

Aber welch ein Klima bestimmte diese junge Bundesrepublik. Ursel erzählte, und Norah hörte zu. Und wir schnappten die ersten politischen Vokabeln auf. Für Ursel stand diese geschenkte Demokratie auf der Kippe. Sie spürte die restaurativen Tendenzen schmerzlicher und intensiver als die meisten anderen in ihrer Erwachsenenwelt. Sie hörte um sich herum schon wieder nostalgische Bemerkungen. Die Naziära wuchs aus der kollektiven Verdrängung erneut heraus in eine Bewusstseinslage, die der Hitler-Zeit mehr Gutes als Schlechtes abzugewinnen schien. Viele bekannte Nazis saßen bereits wieder an den Schaltstellen, und der Staatssekretär Globke, der Kommentator der Nazirassengesetze, wurde zum Symbol dieser Haltung. Adenauer hatte ihn ins Kanzleramt geholt, und dort blieb er, wie auch die alte Richterschaft wieder Recht sprach im deutschen Namen, wie sie es schon unter den Nazis getan hatte. Diese Welt der Mitläufer und unbestraften Täter hatte kein Interesse an der Bearbeitung der Naziuntaten.

Im Schatten des Koreakrieges und der aufkommenden Hysterie eines neuen Weltbrandes schien Ursel das Leben in Deutschland West wenig Zuversicht zu geben. In diesen ersten Jahren in der Mitte des blutigen 20. Jahrhunderts, in dem Deutschland sich so radikal aus dem Kreis der aufgeklärten und demokratischen Nationen entfernt hatte, verstärkte sich eine restaurative Stimmung, die sie erschreckte und immer wieder sagen ließ: »Ja, lernen es die Deutschen denn nie?« Unter den russischen Besatzern hatte sie immerhin den Eindruck gehabt, dass die antifaschistische Sprache nicht nur Semantik war; viele Altkommunisten hatten eine unendliche Leidenszeit unter den Nazis hinter sich.

In der jungen Bundesrepublik, so schien es ihr, wollte eigentlich niemand erinnert werden. In diesen Jahren begannen Streit und Auseinandersetzung um den Widerstand der 20. Juli. Die Verschwörer um den Grafen Stauffenberg, der das gescheiterte Bombenattentat auf Hitler in der Wolfsschanze unternahm, waren vielen in der jungen Republik und der spärlich verankerten Demokratie etwas, was eher als Hochverrat, denn als Verzweiflungstat der wenigen gegen den großen Verführer der Deutschen erschien. Hätte es die Judenvernichtung nicht gegeben, viele hätten kein Hehl daraus gemacht, dass ihnen die Nazizeit immer noch lieber war als diese aufgezwungene Demokratie. Es sollte 13 Jahre dauern, ehe deutsche Gerichte sich erstmals und intensiv mit den Gräueln dieser Jahre beschäftigten.

Der Ulmer Einsatzgruppenprozess, der 1958 die Reihe der großen Prozesse gegen die Verbrechen im Nationalsozialismus einleitete, war so ein Beispiel. Da wurde klar, welche Untaten im Hinterland der in Russland vorrückenden Wehrmacht »im Namen des deutschen Volkes« an der Tagesordnung waren. Die unglaublichen Massenmorde an den Juden im Baltikum, in der Ukraine, in Weißrussland wurden einem größeren Publikum in Deutschland bekannt. Erstmals erfasste viele Westdeutsche so etwas wie Scham.

Ich glaube, dieser Prozess war der Anlass, dass in Ursel die Erinnerung an eine Begegnung hochstieg, die sie während ihrer Zeit bei der Truppenbetreuung tief berührt hatte. Wir hörten ihr atemlos zu, als sie von dem schwer verwundeten Leutnant berichtete. Vielleicht war es der unendliche Leidensdruck, dem er nicht mehr widerstehen konnte. Wie immer das Gespräch zustande gekommen war, was immer ihn zum Reden gebracht hatte, er erzählte ihr jedenfalls von einem Einsatz, der ihn in seinen Nacht- und Tagträumen verfolgte. Als Vergeltung für den Überfall von Partisanen hatte seine Einheit die Bevölkerung eines ganzen Dorfes in der Ukraine zusammengetrieben. Die Dorfbewohner mussten Gräben ausheben, sich nackt ausziehen, dann wurden alle, auch Frauen oder Kinder, erschossen. »Ich hatte nicht den Mut, den Befehl zu verweigern«, gestand er ihr unter Tränen. Er hat sich danach selbst in die Hand geschossen. Sie wurde amputiert. So erzählte meine Mutter. Und da auf Selbstverstümmelung die Todesstrafe stand, erzählte er irgendetwas von Feindeinwirkung und erhielt auch noch einen Orden.

Am Ende des Ulmer Einsatzgruppenprozesses stand die Einrichtung der Ludwigsburger Zentralstelle zur Ermittlung von NS-Verbrechen. Die Nachricht kommentierte Ursel mit dem dürren Satz: »Na endlich, das wurde aber auch Zeit.« Und ich, der ich, während ich dies schreibe, in New York lebe und zumeist nachts über Ursel und ihr Leben nachsinne, greife wieder zu dem Buch, in dem Yaffa Eliach das Leben des Schtetl Eishyshok in Litauen beschreibt. Ich blättere durch die Seiten, schaue auf die Fotos, aus denen mich junge und alte Menschen anschauen. Lese die Unterzeilen, die über das Schicksal dieser Menschen berichten. Ich atme auf, wenn ich die beglückende Nachricht lese, »ging zu den Partisanen und lebt heute in Israel«. Aber wie selten finde ich diese beruhigenden Zeilen. Und mit jedem der armen Menschen, denen das Leben genommen wurde, weil es als unwert galt, sehe ich den jungen Leutnant, von dem Ursel erzählte. Ich sehe, wie er und neben ihm andere vollziehen, was der Befehl ihrer Vorgesetzten ihnen auferlegte und den zu verweigern sie keine Kraft fanden.

Für Ursel mit ihrem Blick auf den westlichen Teilstaat, in dem die Debatte um die Wiederbewaffnung erste Wellen schlug, war der Fall des ersten Präsidenten des Bundesamtes für Verfassungsschutz exemplarisch. Otto John, der aus dem linken Widerstand kam und wohl zum Umkreis der »Roten Kapelle« gehört hatte, war schon aus diesem Grund vielen in Politik und Medien verdächtig. In der öffentlichen Meinung zählte nicht Johns Widerstand aus ethischen und patriotischen Gründen. Im Gegenteil: Die Tatsache, dass er mit der »Roten Kapelle« aktiv gegen das verbrecherische Regime gearbeitet hatte, machte ihn schon zu einem halben Landesverräter. Das war irgendwie der falsche Widerstand, nicht der Widerstand der Grafen des 20. Juli, die vermutlich ebenfalls jede Gemeinsamkeit mit der den Kommunisten nahe stehenden »Roten Kapelle« abgelehnt hätten.

Der Fall Otto John: Am 20. Juli 1954 verschwand der Präsident des Verfassungsschutzes spurlos, nachdem er an der Gedenkfeier zum 10. Jahrestag des Hitler-Attentates in Westberlin teilgenommen hatte. Zwei Tage später tauchte er im Ostteil der Stadt wieder auf. Er sei entführt worden, wie er später immer wieder betonte. Doch zunächst hörte man im Rundfunk der DDR, der Grund für seinen Übertritt sei das Wiedererstarken der alten Nazis in Westdeutschland. Eine Begründung, die für Ursel durchaus plausibel klang. Nicht nachvollziehen konnte sie allerdings, dass Otto John glauben mochte, ausgerechnet in der DDR, der Sowjetzone, das bei Konrad Adenauer immer wie Zoffjett-Zone klang, ein von den Gespenstern der

Vergangenheit befreites Land zu finden. Sie war sicher, dass in beiden deutschen Staaten die alten Nazis mehr oder weniger sichtbar weiter an den Schalthebeln saßen und dass nur eine erstarkende Sozialdemokratie die Hoffnung barg, die sich noch immer nach vorne schiebende braune Endmoräne endlich zum Stillstand zu bringen.

Otto John kam wenige Monate später, im Kofferraum eines dänischen Journalisten, auf abenteuerliche Weise wieder in den Westen zurück, wo ihm der Prozess gemacht wurde. John beteuerte immer wieder, er sei entführt worden, sprach von Menschenverachtung und forderte Gerechtigkeit – doch der Strafsenat des Bundesgerichtshofes, dem tatsächlich zwei Richter angehörten, die ihre Berufserfahrung schon unter den Nazis gesammelt hatten, verurteilte ihn zu mehreren Jahren Gefängnis. Es war ein von den Medien als Sensation verfolgter Schauprozess, der für Ursel ein weiterer Beleg für die braune Schattierung und längst nicht gebannte Gefährdung der geschenkten Demokratie war. Es wurde nie geklärt, ob Otto John tatsächlich entführt und gegen seinen Willen zum zeitweiligen Kronzeugen der DDR-Propaganda wurde, oder ob er nur ein verwirrter und verirrter Wanderer zwischen den Scheidelinien des Kalten Krieges war. Valentin Falin, der ehemalige Botschafter der UdSSR in Deutschland, war ein später Fürsprecher Otto Johns, der 1995 eine eidesstattliche Erklärung abgab, die Johns Version stützte. Es nützte nichts mehr. Otto John starb ohne Chance auf Rehabilitierung 1997.

Unsere Schulerfahrungen trugen ebenfalls dazu bei, dass Ursel immer wieder erregte Wortwechsel mit den Lehrern hatte. Vielleicht wurden ja die schlimmsten Pädagogen der Naziära wirklich suspendiert. Aber die Lehrer waren in Sprache und Haltung weit entfernt davon, uns zu den selbstbewussten, demokratisch verankerten Menschen zu erziehen, die wir doch werden sollten. Der Rohrstock tanzte durch die Schulklassen, und schon für kleinste Vergehen gab es Hiebe auf die Hand. Ich erinnere mich, dass es für eine Schneeballschlacht auf dem Schulhof zehn Schläge auf den nackten Hintern setzte, denn Schneeballschlachten waren ausdrücklich verboten worden. Die Züchtigungen geschahen natürlich – wegen der erzieherischen Wirkung – vor der ganzen Klasse. Die Entwürdigungen, denen wir ausgesetzt waren, verleideten uns die Schulzeit.

Manchmal waren es nur Kleinigkeiten, die den Schwefelgeruch der Nazizeit weitertrugen. So war die Alltagssprache durchsetzt mit Begriffen, die sich in den zwölf Jahren wie Mörtel zwischen den Sätzen festgesetzt hatte. Ursel packte jedes Mal die kalte Wut, wenn jemand eine langweilige Schreibarbeit »bis zur Vergasung« beklagte. Dann fuhr sie dazwischen, und es war ihr völlig gleichgültig, wen sie gerade vor sich hatte. Es traf Vorgesetzte wie Freunde oder Freundinnen und natürlich uns Kinder. Sie machte sich damit keine Freunde, aber sie hatte Recht. Ein Volk, das nie etwas von Judenverfolgung gehört oder gesehen haben will, so sagte sie, sollte nachdenklich werden, wenn bis in die Wortwahl hinein das Verbrechen der Judenvernichtung anklingt. Sie führte eben ihren kleinen Kampf gegen die eigene schweigende und verschweigende Generation.

Und auch sonst fand ich diese 50er Jahre muffig, eng und rückwärts gewandt. In kurzen Momenten brach ein Weltbild hervor, das mich erschreckte und verstörte. Wir waren im Sommer 1956 – wir lebten schon in Mainz – bei Freunden, und einer aus unserer Clique klimperte auf der Gitarre. Wir sangen kräftig und jazzig verfremdet das *Ännchen von Tharau*, als die Tür aufsprang und der Vater unseres Freundes außer sich vor Wut in der Tür stand. Er schrie uns an: »Ich werde nicht zulassen, dass deutsche Volkslieder mit dieser Nigger-Musik verhunzt werden.« Dieser Ausbruch entsetzte uns. Umso mehr, als wir den Mann als ganz liebenswürdig kennen gelernt hatten. War alles nur Fassade?

Ein Zeugnis, das Ursel Ende 1952 nach zwei Jahren als Mitarbeiterin des Stern-Verlags in Hamburg erhielt, finde ich in ihrem Nachlass. Darin heißt es: »Mit einer für eine Frau ungewohnten Umsicht und Tatkraft arbeitete sich Frau Heye in das Gebiet selbständiger Verlagskorrespondenz und Vertriebsbuchhaltung ein.« Zwei Herren waren Unterzeichner dieses Zeugnisses, und es verrät vieles über ihren Gemütszustand. Millionen von Frauen hatten während des Krieges und danach umsichtig und tatkräftig das Überleben ihrer Mütter, Großeltern, Kindern und ihr eigenes gesichert. Ohne die Kraft dieser Frauen hätten die ganz Alten und die sehr Jungen, die Kinder und Greise, das Chaos des braunen Untergangs nicht überlebt. Als Trümmerfrauen waren sie es, die, unter unsäglichen Bedingungen, im unmittelbaren Nachkriegsdeutschland das Leben sicherten und die Verantwortung trugen.

Vielleicht waren sie ja wirklich mal in der Mehrheit, die Zopf tragenden Heimchen, die ihren blonden »Helden« die Kinder gebaren und sich dem Führer weihten. Aber als von der braunen Diktatur nur ein arischer Schrotthaufen übrig blieb, waren es die Frauen, die das Leben weitertrugen. Sie hatten keine Wahl, sie mussten sich unmittelbar von der Bevormundung ihrer abwesenden Männer befreien. Als diese Männer, die doch wohl in erheblicher Zahl willfährige Jubelkulisse für den von den Nazis propagierten Zivilisationsbruch abgaben, wieder heimkehrten, war es mit der Frauenemanzipation schnell wieder vorbei. Die Patriarchen ließen sich nicht lumpen, wie das Zeugnis von Ursula beweist: »Mit einer für eine Frau ungewohnten Umsicht und Tatkraft …«

Im Übrigen war 1952 wieder einmal ein Jahr, das Ursel alle Kraft abforderte. Für sie hatte das Glück keine Zufälle parat. Nichts in ihrem Leben lief glatt und unkompliziert. Alles musste sie sich mühselig erarbeiten, selbst das ihr vom Gesetz Zustehende musste sie sich erst erkämpfen. Am 30. Juli 52 erreichte sie unter dem Aktenzeichen II C/21 866 die bittere Nachricht, dass ihr Gesuch um Notaufnahme und legalen Zuzug in die Bundesrepublik als anerkannter politischer Flüchtling abgelehnt worden war. Die Korrespondenz, in der sie sich an den Petitionsausschuss des Bundestages, an den damals zuständigen Vertriebenenminister Lukaschek und an den Beschwerdeausschuss des Notaufnahmelagers Uelzen-Bohldamm wandte, erzählt viel über das Klima in der Republik im anschwellenden Kalten Krieg zwischen Ost und West.

Die Verwaltung im Notaufnahmelager Uelzen-Bohldamm hatte sich mit der Ablehnung keine große Mühe gemacht. Vermutlich ausschließlich Herren hatten in Uelzen nicht einen ihrer Gründe für die zweite Flucht und die darin liegenden Risiken für sich und die Familie ernsthaft gewogen und bewertet. Die Ablehnung bestand aus 15 Zeilen:

»Die Antragstellerin war als Organisationssekretärin bei der Gesellschaft für Deutsch-Sowjetische Freundschaft (DSF) Rostock tätig. Am 23. 6. 50 erhielt sie ihre Kündigung, welche nach Ablauf ihres Urlaubes wirksam wurde. Sie gibt an, in der Folgezeit unter Beobachtung gestanden zu haben und zur Sowjetischen Kontrollkommission vorgeladen worden zu sein. Um Weiterungen zu entgehen, habe sie am 18. 8. 50 die sowjetische Besatzungszone verlassen. Aus der Tatsache, daß der Antragstellerin noch anstandslos ihr Urlaub gewährt wurde, geht hervor, daß keinerlei Maßnahmen eingeleitet waren. Die Vorladung zur Kontrollkommission rechtfertigt nicht die Notaufnahme. Der Antrag wird deshalb abgelehnt. Miteingereiste Familienangehörige: Sohn und Tochter.« Es folgen Aktenzeichen und Unterschrift.

In ihrem Widerspruch erteilt Ursel dem Ausschuss Nachhilfe über die Lebenswirklichkeit in der damaligen SBZ, deren diktatorische Strukturen sich gerade auszubilden begannen. Ihr Widerspruch ist ein Zeitdokument und lässt ahnen, was die DDR den Menschen abverlangen sollte. Sie schreibt:

»Die Begründung der Ablehnung geht von völlig falschen Voraussetzungen aus. Hierzu führe ich folgendes aus:

Es erscheint mir unmöglich, daß vom grünen Tisch und aus der Ferne entschieden werden darf oder kann, ob eine Flucht aus der sowjetischen Besatzungszone aus politischen Gründen notwendig war oder nicht. Eine solche Entscheidung wäre nur möglich, wenn die entscheidende Kommission von den politischen oder polizeilichen Organen der Deutschen Demokratischen Republik (DDR) Unterlagen über das Verhalten und den Grund der Verfolgung oder Nichtverfolgung des Flüchtlings erhalten könnte. Es dürfte aber wohl bekannt sein, daß die Gründe für eine politische Überwachung, Verfolgung, Verhaftung und Bestrafung von den Organen der DDR in jedem Fall geheim gehalten werden und daß Tausende von Personen auf Grund solcher geheimen Anschuldigungen verschwinden. (...)

(...) Die Vergünstigungen, die ich in Anspruch nehmen möchte, beziehen sich nicht auf dringende wirtschaftliche Vorteile wie die Beschaffung von Wohnraum, Arbeitsplatz und sofortige finanzielle Unterstützung. Ich habe auf Grund meiner persönlichen Fähigkeiten gleich nach meinem Grenzübertritt mir die wirtschaftliche Grundlage des Lebens selber geschaffen, so daß ich in der Hinsicht den Behörden der Bundesrepublik nie zur Last gefallen bin. Was ich von Ihrer Dienststelle erbeten habe, ist lediglich eine ideelle Unterstützung, nachdem ich jahrelang bewiesen habe, daß ich entschlossen und im Stande bin, mir selber zu helfen. Eine ideelle Unterstützung läßt man den heutigen Massen der Flüchtlinge schon aus politischen Gründen ohne Zögern zukommen, und was den einen regierungsseitig gegeben wird, scheint mir auch den anderen, und in diesem Fall mir, zuzukommen.

Die Entscheidung Ihrer Dienststelle auf mein Gesuch hin ist aber nicht allein aus diesen allgemeinen Gründen anfechtbar. Meine Übersiedlung nach Hamburg ist auch als Einzelfall dazu angetan, Ihre Unterstützung und Anerkennung in Anspruch zu nehmen. Darüber hinaus geht die Begründung Ihrer Ablehnung von falschen Voraussetzungen aus:

1. Die Gesellschaft für Deutsch-Sowjetische Freundschaft (DSF), wo ich mein Dienstverhältnis gekündigt habe, ist unter allen Umständen als ein Unternehmen anzusehen, das in der DDR zumindest als politisch anrüchig anzusehen ist und ohne weiteres eine Bespitzelung nach sich zieht. Da meine Stellung als Organisationssekretärin außerdem als exponiert anzusehen war, ist eine politische Verdächtigung und Überwachung von vornherein als gegeben anzunehmen. Daß ich persönlich Beweise dafür habe, unter Kontrolle gestanden zu haben, mag für ihre Dienststelle wenig wiegen. Beweise faßbarer Art ließen sich nur erbringen, wenn ich verläßliche Zeugen beibringen könnte. Theoretisch ist das sehr wohl möglich, doch ist es praktisch und aus moralischen Gründen nicht durchzuführen. Die aufgerufenen Zeugen würden ohne weiteres gefährdet sein.

2. Mein Ausscheiden aus den Diensten des DSF geschah zu einem Zeitpunkt, zu dem die beiden führenden Persönlichkeiten der Ortsgruppe Rostock der DSF in ein Verfahren verwickelt werden sollten. Sie sind später verurteilt worden. Ich wäre in diesem Verfahren eine der wichtigsten Zeuginnen gewesen und war also selber auf Grund dieser Tatsache durchaus gefährdet.

3. Ihre Annahme, es genüge die Notwendigkeit meiner Flucht aus Rostock zu verneinen, weil man mich meinen Ur-

Vom Glück nur ein Schatten – Die Bilder der Familie

Danzig, 16. Juli 1939. Das Jawort und vier glückliche Jahre.

Bildnisse

Meinem lieben Wolfgang
von seinem
Vaterle.

nisse

Das ist das
allerschwerste
das bittertiefste
Weh,
wenn man ein Leid
muß tragen
in Lenz und
Blütenschnee.

Der Frühling geht
vorüber
an meinem
kleinen Haus.
Ich steh' allein
und warte,
und lausche still hinaus.

ldniſſ

glückliche, sonnige, unbeschwerte Urlaubs-

schnitt

zeit!

ild

Wundervolle Ruhe.
In unseren Dünen.

Bildnisse

Und uns gehört das ganze bunte Leben,
Das blaue, große Bilderbuch mit Sternen,
mit Wolkentieren, die sich jagen in den Fernen
und hei, die Kreiselwinde, die uns drehn und heben!
Der liebe Gott träumt seinen Kindertraum
vom Paradies – von seinen zwei Gespielen,
und große Blumen sehn uns an von Dornenstielen ....
Die düstre Erde hing noch grün am Baum.

Bildnisse

Du!

Bildnisse

Über blauen Meeresfluten
Und dem Sang des Wogenschlags
Wogt ein Meer von weißen fluten,
Wogt das licht des reifen Tags.

Weiß von weißem Licht beschienen
Blendet auch der Strand den Blick,
Und es dehnen sich die Dünen
Schattenlos im Mittagsglück.

Stralsund, 1928. Ursel mit ihrem Bruder Wolfgang und Schäferhündin »Dina«.

1930. Abschlussball der Tanzschule in Stralsund.

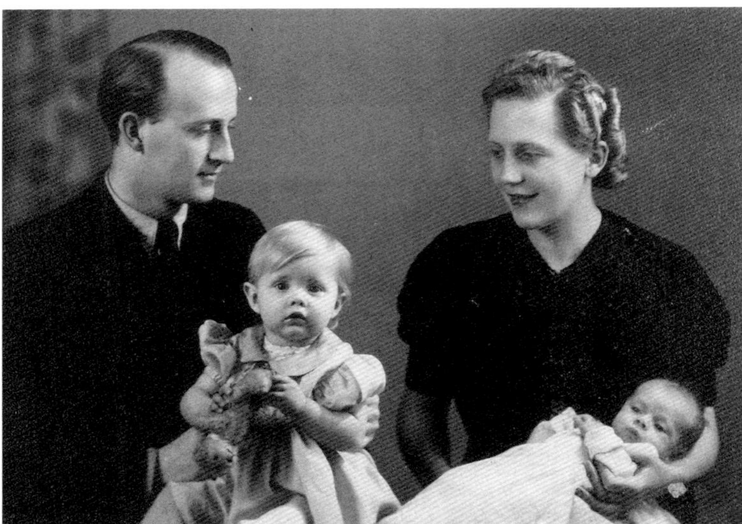

Reichenberg, 1940. Das einzige Foto aus glücklichen Tagen: Ursel und Wolfgang Heye mit ihren Kindern.

Bad Doberan, März 1945. Ursel mit Oma Martha und den Kindern nach der Flucht.

März 1990. Ursel an ihrem 77. Geburtstag.

Mainz, 1954. Norah auf einer Premierenfeier. Sie fand die Spur zu Wolfgang Heye.

Mainz, 1958. Ursels 45. Geburtstag.

laub ohne Behinderung habe antreten lassen, obwohl die Kündigung stattgehabt hatte, ist falsch. Es ist bekannt, daß die sowjetzonalen politischen Organe Verhaftungen Verdächtiger erst im letzten Augenblick vornehmen, um möglichst großes Material und möglichst umfangreiche Kreise in das Verfahren zu ziehen. Während der Zeit, in der der Verdächtige sich noch seiner Freiheit erfreut, sind Überwachung und Bespitzelung besonders dicht und oft sogar in ihrer Plumpheit durchaus spürbar. Ich kann unter Eid versichern, daß ich in der Zeit vor meiner Flucht überwacht und mehrmals gewarnt worden bin. Auch hierfür wäre ich theoretisch imstande mehrere Zeugen anzugeben.

4. Ich bin während der Zeit vor meiner Flucht mehrmals entschieden aufgefordert worden, Mitglied der SED zu werden und ich habe das abgelehnt, was zu einer weiteren Verschärfung des Verdachts gegen mich führen mußte.

5. Ihre Begründung, die Vorladung auf die Sowjetische Kontroll-Kommission (SKK) sei keine ausreichende Motivierung für die Annahme einer persönlichen Gefährdung, stimmt nur bedingt. Daß mit einer solchen Vorladung immer eine Bedrängung verbunden ist, läßt sich nicht leugnen. Eine gekündigte Org.-Sekretärin der DSF aber, die sich weigert, Mitglied der SED zu werden und die darüber hinaus im Verdacht steht, in einem geplanten Verfahren eine wichtige Zeugin zu sein, abgesehen davon, daß sie auch im Besitz unerwünschter Kenntnisse ist, ist auf alle Fälle in Gefahr, wenn sie eine solche Vorladung zur SKK erhält. Daß ich tatsächlich in einer solchen Gefahr schwebte, geht daraus hervor, daß man mich offenbar suchte. Ich habe, weil ich dies wußte, längere Zeit nicht in meiner eigenen Wohnung gewohnt, sondern bei verläßlichen Freunden Zuflucht gesucht. Während meiner Abwesenheit aus meiner Wohnung hat mich die Polizei dort gesucht. Der bekannte Transportwagen war vorgefahren, um mich abzuholen.

Dies könnte meine Mutter bezeugen, die mir daraufhin zur eiligsten Flucht riet.

6. Eine Gefährdung meiner Person ist aus diesen Gründen wohl als gegeben anzusehen. Würde ich aber so gehandelt haben, wie Ihre Dienststelle es nach der Ablehnung meines Gesuchs als natürlich anzunehmen scheint, indem ich nämlich meine persönliche Sicherheit hintangesetzt hätte, so hatte ich doch als Mutter zweier unmündiger Kinder die Pflicht, auch deren Schicksal zu bedenken, das nach meiner evtl. Verhaftung sicher nicht so gewesen wäre, wie eine Mutter es ihren Kindern wünscht. Insbesondere hätte ich doch auch, wenn ich selber mich vielleicht – so scheinen Sie zu meinen – der politischen Bedrängnis hätte erwehren können, die Kinder vor politischer Verhetzung und Ausnutzung zu schützen und ihnen die Freiheit zu sichern.

Ich glaube wohl, daß die angegebenen Gründe durchaus genügen sollten, den Nachweis zu erbringen, daß ich politischer Flüchtling bin. Ich glaube ferner, daß Ihre Ablehnung meines Gesuchs nach Kenntnisnahme dieser Tatsachen unhaltbar werden muß.

Es bleibt mir jedoch wohl noch nachzuweisen, warum ich nicht sofort nach meinem Zuzug in die Bundesrepublik mich um die Anerkennung als politischer Flüchtling bemüht habe. Ich kann das in zwei Sätzen formulieren:

Ich hatte das Glück, unmittelbar nach meiner Ankunft in Hamburg Unterkunft und Arbeit zu finden, und es war mir bald klar, daß mir die Anerkennung als politischer Flüchtling über diese Grundlage hinaus bei der allgemeinen Notlage kaum wesentliche Vorteile verschaffen könnte, die sich sofort fühlbar machen würden.

Ich scheute mich, zu den politischen Flüchtlingen gerechnet zu werden, da mir Fälle bekannt sind, daß aus kriminellen

Gründen aus der DDR Geflüchtete hier als politische Flüchtlinge sich hatten Vorteile verschaffen können, und ich wollte mit diesen Menschen nicht gleich klassifiziert werden.

Wenn ich nun heute gezwungen bin, mir auf irgendeinem Wege doch gewisse Vorteile der als politische Flüchtlinge Anerkannten zu verschaffen, indem ich mich um eine sog. Zuzugsgenehmigung für Hamburg bemühe, so nicht aus dem Grunde, daß ich anderen Sinnes geworden wäre, sondern lediglich, weil man mir die Vorlage einer solchen Zuzugsgenehmigung zur Pflicht macht bei dem Antrag auf Auszahlung der Kriegshinterbliebenenrente für meine beiden Kinder. Diese nämlich sind in das Alter gekommen, in dem Unterhalt, Kleidung und Erziehung solche Kosten verursachen, daß ich sie aus den erarbeiteten Einkünften nicht mehr tragen kann. Ich bin also auf die ihnen als Kriegswaisen zustehende Rente angewiesen und da ich weiß, daß anderen Flüchtlingen aus der sowjetischen Besatzungszone diese Rente gezahlt wird, kann mir niemand zumuten, auf sie Verzicht zu leisten.«

Ursels Widerspruch wurde angenommen. Allerdings musste sie sich der mündlichen Befragung des Beschwerdeausschusses stellen. Ende September erhielt sie dann den endgültigen Bescheid. Sie war als politischer Flüchtling anerkannt worden, und der Ausschuss attestierte ihr einen überzeugenden Auftritt. In der Begründung heißt es unter anderem, »die Angaben der Beschwerdeführerin wurden ruhig und bestimmt vorgetragen, so daß der Ausschuß keine Bedenken hatte, ihnen Glauben zu schenken, zumal sie in vielen Punkten belegt sind«. Ob sie Freude empfunden hat, als sie das Schreiben des Beschwerdeausschusses in den Händen hielt, damals im September 1952? Sicher so etwas wie Genugtuung. Die kleine Waisenrente konnte sie gewiss gut gebrauchen, denn Norah verdiente nur manchmal etwas dazu, und oft genug waren wir gezwungen, beim Metzger oder Bäcker anschreiben zu lassen, weil das Geld für uns vier hinten und vorne nicht reichte. Und wenn am Monatsende die Schulden bezahlt waren, konnten wir ausrechnen, wie lange das restliche Geld reichen würde und wann der nächste Bittgang fällig werden würde. Da ging es uns wie vielen.

Wir Kinder waren für den Haushalt und den Einkauf zuständig. Wir wussten genau, wie wir mit einem kleinstmöglichen finanziellen Aufwand vier hungrige Mägen füllen konnten. Da war die Erbswurst, eine in eine Kunststoffhülle gepresste Instantmasse, die in Wasser aufgelöst und aufgekocht großen geschmacklichen Annäherungswert an eine Erbsensuppe brachte. Wenn es uns dann noch gelang, eine Speckschwarte zu ergattern und mitzukochen, wurde aus der Erbswurst ein köstliches Gericht. Speckschwarten waren beim Metzger, der unsere finanziellen Nöte kannte, höchstens einmal die Woche zu bekommen, nämlich dann, wenn die Speckseite bis auf die Schwarte heruntergeschnitten war. Wurde in einer Woche wenig Speck gekauft, war unser Erbswurst-Verbesserer leider nicht verfügbar. Am Sonntag gab es unser Leib- und Magengericht, schlesische Blutwurst. Diese Blutwurst, die mit Rosinen gewürzt war, wurde aufgeschnitten und in der Pfanne gebraten. Dazu gab es Stampfkartoffeln und Sauerkraut. Köstlich. Und natürlich gehörte zu unserer Haute Cuisine der Maggi-Würfel, der als Brühe mit kleinen Nudeln versetzt ebenfalls mehrere Tage in der Woche auf den Tisch kam. Manchmal, leider selten, mit einem Wiener Würstchen, das in kleine Scheiben geschnitten die Fleischbeilage war.

Und abends, wenn Norah und Ursel Freunde besuchten oder Liesel, die Frau von Ursels Bruder Wolfgang, die es ebenfalls von Danzig nach Hamburg verschlagen hatte, dann hörten wir, meine Schwester und ich, Radio. Am Sonntag öffnete

»Herr Sander seinen Schallplattenschrank«, und alle Opernstars der Vorkriegszeit wurden in seiner Sendung wieder lebendig, von Caruso bis Schaljapin, dem »schwärzesten aller Bässe«. Und wir hörten die Stimme des Tenors Joseph Schmidt, der als Jude verfolgt und unter den Nazis elend umgekommen war. Sein lyrischer Tenor gehörte zu unseren Lieblingsstimmen wie eben auch die Sendung von Sander. Auch die samtene Stimme von Pelz von Felinau, der ebenfalls im NWDR Platten mit klassischer Musik auflegte, begleitete uns bis in unsere Träume. Und einmal die Woche waren wir treue Hörer der Krimiserie: *Gestatten, mein Name ist Cox.*

Im Übrigen waren wir Geschwister gute Kunden in der Leihbücherei, die, wenige Straßen entfernt, auch Jugendbücher im Angebot hatte. Dort gab es alles von Erich Kästner. Und wir lasen uns manchmal gegenseitig vor und schluchzten gemeinsam vor Rührung, wenn der kleine Held Martin in der Geschichte vom *Fliegenden Klassenzimmer* mit dem letzten, etwas krummen und dürren Weihnachtsbaum zur Wohnung seiner Mutter eilte. Das Geld für die Fahrt nach Hause hatte der Lehrer Justus, ich glaube, so hieß er, dem Martin geschenkt, der sonst die Weihnachtsferien allein im Internat hätte verbringen müssen. Schon diese Szene hatte uns tief ergriffen, als Justus den traurigen Martin aufstöberte und ihn so lange drängte, bis der Junge endlich mit dem Grund seines Kummers herausrückte. Martins Mutter war arbeitslos geworden, und da war das Fahrgeld nicht drin. Der gute Lehrer griff in die Tasche, und Martin konnte nach Hause. Die Pauker in Kästners Internatsgeschichte waren alles fabelhafte Leute. Und als Martin dann an der Tür zur Wohnung seiner Mutter stand und klingelte und die Mutter am Weihnachtsabend mit rot geweinten Augen die Tür öffnete, da gab es bei ihr und bei Kästners jungen Lesern in der Hamburger Sophienterrasse nur noch Rotz und Wasser. Ein wunderbares Märchen, das wir gern im wirklichen Leben erlebt hätten. Wir lasen natürlich auch alle Lore-Romane, die Ursel aus dem Verlag mitbrachte, und schmökerten in Wildwestheftchen und Lore-Romanen und was sonst an »Schundliteratur«, wie unser Deutschlehrer diese Gattung benannte, zu kriegen war.

Morgens musste Ursel als Erste aus dem Haus. Wir warteten, bis sie sich gewaschen hatte. Da wir über kein Badezimmer verfügten, behalfen wir uns mit einer Wasserkanne und einer großen Schüssel. Die Kanne wurde mit dem Essensaufzug per Hand in die Küche heruntergefahren, und wer von uns gerade unten war, um Brot zu schneiden und das Frühstück vorzubereiten, der füllte die Kanne auf, und der Nächste konnte sich waschen, bis alle durch waren. Das gebrauchte Wasser schütteten wir in den Garten. Ursel war immer sehr schnell fertig. Sie wusch sich von Kopf bis Fuß mit einem Waschlappen ab. Sie schminkte sich nicht, zog höchstens einmal schnell mit dem Lippenstift den Mund nach. Allerdings konnten wir machen, was wir wollten: Wie früh wir auch aufstanden, wie immer wir unsere Morgenrituale organisierten, was wir auch versuchten, um schneller fertig zu werden – es war ein täglicher Kampf gegen die Uhr, den wir regelmäßig verloren. So war mit Betreten des Klassenzimmers und einer gemurmelten Entschuldigung schon die erste Kopfnuss fällig, nebst Eintrag ins Klassenbuch. Ich bin nie gefragt worden, was der Grund für meine Verspätungen war. Und so wurde eben auch die Kopfnuss zum Ritual.

KAPITEL 7

Spurensuche

»Alles, was sie wissen müssen, wird sich vor ihren Augen abspielen und sie werden nichts sehen.«

Christa Wolf, *Kassandra*

Immer wieder im Verlauf dieses späten Gesprächs mit meiner Mutter gerät mir auch das Bild meines Vaters in den Blick. Immer wieder versuche ich, diesen mir Unbekannten, diesen abwesenden Vater kennen zu lernen. Etwa entlang der Geschichte des jungen Leutnants, die meine Mutter erzählte, als wir über die Einsatzgruppen hinter den Frontlinien der Wehrmacht sprachen. Da sah ich Wolfgang, diesen ernsten Mann auf den Fotos, damals im Jahre 1942, vor mir. Ernst, in Uniform, kaum ein Lächeln. Ich gebe zu, in solchen immer wiederkehrenden Augenblicken wünschte ich mir, dass mein Vater von ebendieser Wehrmacht desertierte, weil er an solchen Verbrechen nicht teilnehmen wollte. Doch was ging damals wirklich in ihm vor, während dieses einzigen Urlaubs in Danzig, der für Ursel und ihr Leben so große Bedeutung hatte? Ich weiß nicht, worüber er nachgrübelte, dass selbst auf den langsam vergilbenden kleinen Fotos mit gezacktem Rand der Eindruck entstehen konnte, dass da einer mit sich nicht im Reinen war.

Gleich nach Ende dieses Urlaubs hatte er sich »unerlaubt von der Truppe entfernt«, wie Desertion im Juristendeutsch umschrieben wird. Geplant oder spontan, gab es vielleicht doch einen unerwarteten Anlass, der ihn zu diesem Schritt bewog?

Ich denke noch einmal an diesen jungen Leutnant und an Ursel, die ihm zuhörte. Wie viel Vertrauen brauchte es für diese völlige Entblößung. Möglicherweise überwog das Entsetzen, gepaart mit dem Gefühl des totalen Versagens, das den Strom seiner Erzählung ausgelöst hatte. Bilder aus entsetzlichen Tagen, die ihn zum Mörder auf Befehl machen sollten, haben ihn so verfolgt, dass er reden musste, um nicht daran zu ersticken. Vielleicht gab es ähnliche Bilder im Kopf meines Vaters. Die Spielregeln, die der Krieg diktierte, waren eindeutig nicht die seinen. Was war es, das ihn dazu bewegte, zweimal zu desertieren, bis er im Militärgefängnis in Wilna saß, ein gnadenloses Urteil vor Augen. Die Militärgerichte waren nicht zimperlich, wenn es darum ging, die Disziplin der Truppe zu halten. Er hatte durchaus mit der Todesstrafe zu rechnen, das wird ihm bewusst gewesen sein. Aber mit wem konnte er darüber sprechen? Und wie schwer muss Ursel die Nachricht getroffen haben. Eine Besuchserlaubnis bekam sie nicht, dafür die ultimative Aufforderung, sich von dem Deserteur scheiden zu lassen.

Anonyme Vollstrecker der Staatsräson hatten es in die Hand genommen, ihr Privatleben zu bestimmen, ihre Liebe zu diesem fahnenflüchtigen Versager zu unterbinden. Ich habe nie erfahren, wie Wolfgang diese Nachricht überbracht wurde und ob er wusste oder ahnte, was hinter ihrer Zustimmung zur Scheidung steckte: das Überleben der Familie im Jahre 1942 zu sichern – oder ob er es doch tief in seinem einsamen und verzweifelten Dasein als Verrat an ihm empfunden hat.

Sie war sehr kurz, die Geschichte der Familie Wolfgang Heye. Wie nah konnte ihm seine Frau in dieser Situation wirklich sein? Wie nah konnten ihm seine Kinder sein, die er doch kaum erlebt hatte. Bärbel, ein Jahr vor mir geboren, immerhin knapp anderthalb Jahre. Aber mich nur sieben Monate, vom letzten Oktobertag 1940, als ich mitten in der Spielzeit des

Theaters in Reichenberg zur Welt kam, bis Juni 1941. Dann wurde er eingezogen, zum Ende der Spielzeit, das zugleich das Ende des Lebens war, das er leben wollte. Schwer vorstellbar, dass diese kurze gemeinsame Zeit gereicht hat, um wirklich eine Familie zu werden. Vielleicht war damals auch alles im Ausnahmezustand, so dass heutige Kategorien keine Gültigkeit haben können. Es war sicher Zorn in ihm, in ein Leben gepresst zu sein, das so gar nichts mit ihm, aber alles mit den Anforderungen eines mörderischen und kriminellen Regimes zu tun hatte. Wut auf das Militär, auf die Umstände. War Desertion also die einzige Lösung?

Vielleicht war ja seine Lebenswahrheit auch ganz anders, die Desertionen eher naive Versuche, der Realität des Krieges zu entwischen, zurückzuflüchten in eine andere Wirklichkeit, die längst verloren war. So viele Fragen. Und keine Chance, darauf gültige Antworten zu bekommen. Nur eine Gewissheit bleibt: Wolfgang Heye war ein zutiefst verzweifelter Mann, der nicht ertragen konnte, was der Krieg ihm abverlangte.

Um ihn herum sagten nur wenige Nein, und so viele befolgten alle Anforderungen der Nazis ohne Widerstand. Da war eine Mechanik im Gang, die die Menschen seelenlos machte und gehorsam. Mitleid, Großzügigkeit und Großherzigkeit, die Tugenden, die doch deutsche Kultur und Erziehung vermitteln sollten, waren abhanden gekommen. Das geistige Deutschland befand sich in äußerer oder innerer Emigration, die Vertreter der Kirchen schwiegen mit wenigen Ausnahmen. Es blieb alles ruhig und versank in Pflichterfüllung, Gehorsamkeit und Pünktlichkeit. Mir bleibt dieser kollektive Abschied von den grundsätzlichen Kategorien der Menschlichkeit nach wie vor ein Rätsel. Seit Jahrzehnten suchen die Historiker nach Erklärungen, doch keine Analyse kann mir das Unfassbare wirklich plausibel machen.

Ursel hat von 1935 bis 1936 in Berlin gelebt, ging dann

nach Danzig, um im Jahr 1938 wieder nach Berlin zurückzukehren, wo sie eine Stelle als Sekretärin im Oberkommando der Kriegsmarine antrat. Dort arbeitete sie bis zum Sommer 1939, also bis kurz vor dem Überfall auf Polen im September 1939, mit dem der Zweite Weltkrieg ausgelöst wurde.

Sie war schwanger mit Bärbel und »musste« also heiraten. Sie hatten sich in Berlin kennen gelernt, waren verliebt, aber waren sie deshalb auch blind? Sie werden 1936 während der Olympischen Spiele nicht im Stadion gewesen sein, als die französische Olympiamannschaft an der »Führerloge« vorbeimarschierend den Hitlergruß entbot. Doch die schleichende Veränderung des Alltags werden sie erlebt haben. Sie werden, wie viele andere auch, in ihrem Freundeskreis von jenen überrascht worden sein, die begeistert in die neue Zeit und mit der NSDAP marschierten. Was hat sie während ihrer immerhin zweijährigen Dienstzeit beim Oberkommando der Kriegsmarine mitbekommen? Ich habe sie nie danach gefragt. Ich weiß, dass Ursel in keiner Naziorganisation war. Das Gleiche gilt für Wolfgang. Er war Künstler, die Politik war nicht seine Sache. Sie werden ihre Abende mit Sängern, Musikern, Bühnenleuten verbracht haben und lebten so vielleicht in einer der Nischen, die Berlin für die vielen, die das Regime verachteten, noch bereithielt.

Ursel war, anders als ihr Bruder, skeptisch und später in Danzig trotz ihrer Arbeit für die Truppenbetreuung in innerer Emigration. Aber auch sie hatte sich im Alltag einzurichten, und für sie war mitten in den Kriegsjahren die Truppenbetreuung eine Nische. Manches spricht dafür, dass Wolfgang ihre Skepsis teilte. Und dann der 9. November 1938, als in ganz Deutschland die Synagogen brannten. Irgendwo, ganz hinten in meinem Gedächtnis, höre ich Ursels Stimme, aber ich weiß nicht mehr, was sie mir darüber gesagt hat. Wie konnte sie diese kollektive Teilnahmslosigkeit ertragen?

Wolfgang Heye, angehender Opernsänger im Berlin der Vorkriegsjahre. Wie wird sich mein Vater verhalten haben? Wenn es um den Vater ging, mussten wir immer im Erzählwerk der Familie blättern: Für unsere Mutter war er die Liebe ihres Lebens, ein hoch begabter Künstler und selbstverständlich ein Mensch mit hohen moralischen Ansprüchen, warmherzig, liebevoll, weich; vielleicht ein bisschen zu weich für die harte Welt. Meine Großmutter zeichnete ein ganz anderes Bild: Alles, was sie über ihn erzählte, gab mir den Eindruck, dass er wohl eher ein ungeliebter Schwiegersohn war. Wenn sie auf unsere Fragen antwortete, dann tauchte unweigerlich die Vokabel »labil« auf. Ein »labiler Charakter« sagte sie dann.

Nun war meine Großmutter in ihren jungen Jahren ganz offenkundig ein Energiebündel. Jedenfalls wusste Ursel das aus eigener, manchmal schmerzlicher Erinnerung zu berichten. Großmutter war durchsetzungsfähig und willensstark. Sie war die Seele des Geschäfts in Stralsund. Sie fand also diesen jungen Mann, den Ursel auf alle Fälle heiraten wollte, einfach nur »labil«. Gewiss war er nicht die »gute Partie«, die sie für Ursel im Auge hatte. Und dann verdiente er auch noch seinen Lebensunterhalt mit etwas, das sie als »brotlose Kunst« bezeichnete. Im Grunde widersprechen sich die unterschiedlichen Beschreibungen von Ursel und ihrer Mutter auch gar nicht. Wolfgang war ein weicher und sensibler Charakter. Nur was Großmutter für Schwäche hielt, war für Ursel eine Stärke. Das, was er ihr gab und geben konnte, war wohl vor allem Zärtlichkeit und ein Streicheln ihrer Seele. Und das brauchte sie mehr als alles andere. Wie schrieb sie über die kurze Zeit ihres gemeinsamen Lebens: »... diese vier Jahre wiegen ein Leben auf.« Mitgefühl und Sensibilität, das waren Tugenden, die in jenen Jahren in Deutschland keine Konjunktur hatten. Die Parole lautete eher »zäh wie Leder, hart wie Kruppstahl und schnell wie die Windhunde« – so sollten die künftigen Soldaten des

Führers sein. Nein, dafür war er nicht geeignet. Wohl aber dafür, hinzusehen und mit zu leiden.

Er könnte Vorbilder gehabt haben, vielleicht seinen Vater, Max Heye, der 1923 sein Debüt als erster Rundfunksprecher Deutschlands gab. 1924 veröffentlichte er ein Buch über seine Rundfunkerfahrungen im Verlag Seidinger und Co., Berlin, unter dem Titel *Lustiges aus dem Reich des Unsichtbaren.* Darin beschreibt er seinen Lebenslauf, an dem auffällt, dass er mit keinem Wort erwähnt, Vater zweier Kinder zu sein. Tochter und Sohn. Vielleicht liegt das daran, dass seine Familie keinen Bestand hatte: Max Heye und seine Frau Wally ließen sich scheiden, als Wolfgang und seine Schwester noch Kinder waren. Die Kinder blieben bei ihrer Mutter in Berlin.

Umso deutlicher wird allerdings, dass Max Heye offenbar über ein ausgeprägtes Selbstbewusstsein verfügte und im Unterhaltungsrundfunk der damaligen Zeit eine nicht wegzudenkende Größe war. Er war ein Komödiant, gelernter Schauspieler, der sein Theaterdebüt in dem kleinen Bändchen fröhlicher Unterhaltungsliteratur so beschreibt: »Eine Wanderschmiere führte mich durch die blühenden Gaue Deutschlands, durch 'alle Romeos, Karl Heinzen, Mortimerscher etc. fraß ich mich durch, um endlich an einem ersten Stadttheater festen Fuß zu fassen und meine mit Ruhm bekleckerte Laufbahn an den verschiedensten Theatern Deutschlands zu absolvieren und, sei es auf Grund meines Könnens, sei es auf Grund eines tadellos sitzenden Monokels, dem Ruf eines großen Hoftheaters zu folgen in das Fach des Bonvivants, wohin mich schöne Frauen und die Allüren des Großmoguls von Klein-Pankow, die mir stets eigen waren, wiesen.«

Dann kam der Rundfunk und mit ihm die Sprecherkarriere und wenig später der Ruf zum Rundfunk nach Stuttgart, wo Max Heye es bis zum Oberspielleiter brachte, heute vergleichbar mit dem Unterhaltungschef eines Funkhauses. Dort brachte er die ersten »bunten« Abende in das Programm. Schrieb humorvolle Hörspiele und textete sich durch die Schlagerwelt der damaligen Zeit. Ein Text aus seiner Feder, der zu einem Gassenhauer wurde, den er »berüchtigt« nannte und der »die Welt eroberte und meinen Komponisten zum Krösus machte«, geht so: »Wenn du einmal eine Braut hast,/ Der du immer sehr vertraut hast,/ Und du triffst sie mit 'nem andern, / Lass' se wandern.«

Über Max Heye geben die Archive einiges her. Manchmal werde ich bei der Lektüre an den Schlüsselroman von Klaus Mann über Gustaf Gründgens erinnert, der dessen schillernde Rolle während der Nazizeit aufspießte, indem er ihn sagen ließ: »Ich bin doch nur ein Schauspieler.« Max Heye war auch während der Nazizeit aktiv. Bis 1943 war er Intendant des Schauspielhauses in Stuttgart. In den Zeit- und Selbstzeugnissen wirkt er eitel, manchmal selbstgefällig und muss doch zugleich ein phantasievoller Theatermann gewesen sein, den die Nazis lange unbehelligt ließen. Und so wird klar, warum es Sohn Wolfgang zum Theater zog. Ganz sicher verkehrten im Hause von Max Heye viele Berühmtheiten jener Zeit. Wolfgang wird also in diesem Umfeld vor allem seine eigenen Neigungen entdeckt und entwickelt haben. Ob und wie er mit dem brachialen Selbstbewusstsein seines Vaters fertig wurde, lässt sich nur vermuten. Immerhin wird an diesen Erinnerungen deutlich, mit welchem Lebensgefühl Wolfgang bis zur Scheidung seiner Eltern aufwuchs.

Meine Mutter jedenfalls war eher wortkarg, wenn es um Wolfgangs Familie ging. Es scheint wohl so gewesen zu sein, dass mein Vater für seinen Berufswunsch Opernsänger wenig Unterstützung bei seinem Vater fand. Ob schon in dieser Auseinandersetzung der Bruch zwischen beiden angelegt war? Von Max Heye jedenfalls wurde er unerbittlich und ohne Versöhnungswillen vollzogen. »Ich habe keinen Sohn«, fertigte er noch Jahrzehnte später diejenigen ab, die ihn nach Wolfgang befragen wollten.

Dass ausgerechnet Wolfgangs Frau als Managerin von Unterhaltungsabenden für die Truppenbetreuung wenigstens in eine der Fußstapfen ihres ihr unbekannten Schwiegervaters treten würde, gehört zu den vielen Absonderlichkeiten in der Familiengeschichte. Für uns Kinder lebte unser Vater wesentlich durch die Erzählungen von Ursel. Er war uns zugleich fern und nah, einer, vor dem jeder andere Mann, der sich für Ursel interessieren sollte, zum unansehnlichen Zwerg wurde.

KAPITEL 8

Fremde im eigenen Land

Auf jede Station unseres Lebens nach der Flucht aus Danzig nahmen meine Schwester und ich dieses durch die Mutter geprägte Vaterbild mit. Er war in Warnemünde und in Rostock. Er war in Hamburg. Von dort übersiedelte er mit uns nach Mainz. Norah, die an verschiedenen Theatern vorgesungen hatte, war überglücklich, als sie in Mainz endlich ein Engagement als erste Sopranistin bekam.

Ende 1952, kurz vor Weihnachten, zogen wir um. Aus dem schönen Hamburg, dessen Wiederaufbau rasch vorangetrieben wurde, nach Mainz. Die Stadt war noch ein einziges Trümmerfeld. Wir Kinder logierten im Bahnhofshotel. Norah und Ursel hatten vergeblich versucht, eine Unterkunft für uns vier zu finden. Kinder waren nicht erwünscht. Kein Vermieter fand sich. So mussten Norah und Ursel in einem möblierten Zimmer unterkommen, meine Schwester und ich im Bahnhofshotel. Der Kinderbesuch bei Ursel und Norah war verboten. Und die Vermieterin achtete streng darauf, dass diese Regel strikt eingehalten wurde. Um uns zu sehen, mussten wir uns im Café verabreden. Wir litten alle unter dieser Situation, und so wurde es 1952 ein sehr trauriges Weihnachtsfest.

Die erstbeste sich bietende Gelegenheit zusammenzuziehen, bot sich im Hinterhof des Bahnhofshotels, wo aus den Resten eines Trümmergrundstücks, das unterste Stockwerk war halbwegs erhalten geblieben, ein notdürftig hochgemauerter Anbau entstanden war. Es wurde unsere Tropfsteinhöhle, wie wir

Kinder das Trümmergrundstück nannten. Das Dach war leider nicht dicht, so dass bei Regen das Wasser buchstäblich an den Wänden herunterlief. Im Winter saßen wir in dicken Mänteln am Tisch, weil im einzigen Raum unserer Höhle zwar ein kleiner Eisenofen stand, der aber trotzdem nicht warm zu kriegen war. Hier machten wir Schularbeiten oder versuchten es jedenfalls. Hier lebten wir wieder mit vier Eisenbetten und vier Stühlen, einem kleinen Tisch und einem Schrank.

Umso glücklicher waren wir, als in der Dominikanerstraße, unmittelbar hinter dem Stadttheater gelegen, ein Haus fertig gestellt wurde, das ich in meiner Phantasie immer wie auf vier schmalen Pfeilern mit Papierwänden und einem Dach aus Pappe vor mir sehe. Natürlich war es aus festerem Material, aber die Wände waren so dünn, dass jeder Bewohner mit jedem der Nachbarn aufs Engste verbunden war. In dem schmalbrüstigen Haus mit vier Stockwerken wurden alle Zimmer einzeln vermietet. Wir wohnten im zweiten Stock, die Treppe führte an der linken Seite des Hauses nach oben. Am Treppenabsatz eine Tür, dahinter ein schmaler Gang, auf dem gleich rechts die Gemeinschaftstoilette war. Immerhin: ein Handwaschbecken gab es in jedem Zimmer. Von dem Gang gingen vier Räume ab, zwei links, zwei rechts. Einige waren an junge Frauen vermietet, die in einschlägigen Bars ihren Lebensunterhalt verdienten und dazu beitrugen, dass das Haus immer wieder von Streifen der amerikanischen Militärpolizei besucht wurde, wenn es zu Streit zwischen den Frauen und ihren Besuchern, meist GIs, kam. War Norah in der Nähe, fungierte sie als Dolmetscherin. Über Mangel an Ereignissen konnte in diesem Haus nicht die Rede sein.

Das Zimmer für uns wohnlich zu gestalten, war etwas schwierig. Wir schafften es dennoch, indem wir jeden Morgen eines der zwei Betten, das mit zusammenklappbaren Beinen ausgestattet war, auf den Gang stellten, hochkant an die Wand.

Das zweite Bett benutzten wir tagsüber als Sofa. Die Zudecken wurden zu einer länglichen Wurst zusammengerollt, eine Überdecke drüber, und schon war die Wohnzimmerillusion vollkommen. Davor standen ein kleiner Tisch und zwei Stühle. Außerdem besaßen wir einen Schrank und einen zweiflammigen tragbaren Elektroherd. Auf dem wurden Suppen gekocht, aber auch manches ausgiebigere Mahl. Es roch im Haus immer irgendwie nach Garküche, da in jedem Zimmer gekocht wurde.

Unser Zimmer lag zur Straßenseite hin. Gegenüber ein Flachbau, wo ein Süßwarengroßhändler residierte, mit dessen Kindern wir uns schnell anfreundeten. Das Leben hatte uns wieder. Im Zimmer vis-à-vis wohnte eine pensionierte Krankenschwester, die wohl einem evangelischen Schwesternorden angehörte. Jedenfalls trug sie – als ob es ihr einziges Kleidungsstück sei – immer eine Schwesterntracht. Schwarzer Stoff und eine weiße Haube, alles in allem wenig kleidsam. Sie war durchaus freundlich, litt aber unter Verfolgungswahn. Wer sie bedrängte, war nicht recht auszumachen. Es waren aber, so versicherte sie, hartnäckige Verfolger. Hin und wieder erwischte sie meine Schwester oder mich auf dem Flur, winkte uns heran, um uns hinter vorgehaltener Hand mitzuteilen, dass und wie sie ihren imaginären Verfolgern gerade noch einmal entwischt war. »Die kriegen mich nicht!«, flüsterte sie dann triumphierend.

Am Anfang des Flurs waren zwei Zimmer an junge Frauen vermietet. Die Ältere war blondiert, etwas füllig, mit knallroten Fingernägeln. Die Jüngere unscheinbar und schon grau und immer müde. Beide waren freundlich und zugänglich. Und durch hin und wieder aufgeschnappte Hinweise von Ursel und Norah bekamen wir mit, wie sie ihren Lebensunterhalt verdienten. Es war uns allen ziemlich gleichgültig.

Wir waren eine gute Flurgemeinschaft, und nur das war wichtig. Die so genannten besseren Bürger von Mainz hatten wir ja schon kennen gelernt. Manche waren weniger erfreulich. Die Ältere unserer beiden Mitbewohnerinnen hatte einen Dackel, ihr Ein und Alles. Der Hund war ihr wichtiger als die wechselnden Freunde. Es war ein Langhaardackel und dank ihrer liebevollen Verhätschlung dick wie eine Wurst. An ihn verströmte sie ihre ganze Liebe. Für ihn hatte sie eine eigene Lautsprache, auf die das Hündchen mit freundlichen und liebevollen Lauten reagierte. »Rasemanie, Hasepatu«, tönte es dann aus ihrem Zimmer, gurrend und schmeichelnd. Und dünn wie die Wände waren, hörten wir die nicht enden wollenden zärtlichen Laute zwischen Frauchen und ihrem Dackel, und wir Kinder wiederholten jeden Laut und lachten uns kringelig. In hohem Diskant tönte es zu uns herüber: »Rasemanie, Hasepatu ...«

Wir fühlten uns wohl. Es war gewiss nicht die Welt des Bürgertums, mit der wir es damals zu tun hatten. Alle, die wir in der Dominikanerstraße antrafen, waren bemüht, ihren Lebensalltag von uns inzwischen 12- und 13-jährigen Kindern fern zu halten.

Wenn Ursel den Eindruck hatte, dass uns Mainz seelisch zu zermürben drohte, fanden wir Unterschlupf in dem nahe gelegenen kleinen Dorf Kurtsieven. Dort lebte Maria, die jüngste Schwester meiner Großmutter, mit ihrer Tochter und Herbert, ihrem zweiten Mann. Sie wohnten in einem kleinen Haus, das von Herbert, einem Maurer, liebevoll ausgebaut war, mit Stuben unter niedrigen Decken, Fachwerk und dicken Mauern. Im Winter roch es dort nach Äpfeln, die auf den alten, knarrenden Schränken einer neben dem anderen aufgereiht waren wie eine preußische Heerschar. Es gab Bratäpfel, von Herbert persönlich zubereitet.

Herbert war ein gedrungener mittelgroßer Mann mit breitflächigem Gesicht, freundlichen braunen Augen, dem die Gutmütigkeit aus jeder Bartstoppel blinkte. Herbert, dessen große, abgearbeiteten Hände so weich wie Gänseflaum sein konnten, war einer, der durch seine bloße Anwesenheit jedes Herz wärmte. So einem wie Herbert sollte jedes Kind auf der Welt begegnen, denn er liebte jedes Kind wie sein eigenes. Auch Ursel bekam immer einen ganz milden Zug um den Mund, wenn sie Herbert mit uns zusammen besuchte.

»Ach Kinder«, sagte sie dann zu uns, »der Herbert hat eben Herzensbildung.« So etwas wie Herzensbildung war auch das, was wir in der Dominikanerstraße in Mainz erlebten. Selbst unsere etwas verwirrte Nachbarin hatte in lichten Momenten etwas davon. Sie war zur Stelle, als die jüngere der beiden Frauen auf unserem Flur eine Fehlgeburt hatte. Ich weiß nicht, ob der Grund dafür eine verunglückte Abtreibung war. Jedenfalls war sie auf einmal wieder ganz die erfahrene Krankenschwester. Sie half schnell und ohne viel Worte. Für uns Kinder eine Lehrstunde über das wirkliche Leben. Sie stillte die Blutungen und sorgte dafür, dass der jungen Frau geholfen wurde. Und wer sich die Nachkriegsgesellschaft mit ihren überkommenen Vorstellungen von Gut und Böse vor Augen führt, wo alles säuberlich aufgeteilt war zwischen oben und unten in der Gesellschaft, der wird sich nicht wundern, dass der ganze Vorgang eine Sache auf unserer Etage blieb und niemand sonst davon erfuhr. Es hätte jedenfalls nicht des ausdrücklichen Hinweises an uns Kinder bedurft, niemandem davon zu erzählen.

Draußen in der immer noch zerstörten Stadt, man konnte ohne sichtbare Mühe von der Mainzer Neustadt auf den Dom blicken, waren Flüchtlinge und Zugereiste nicht gern gesehen. Die Wohnungsnot war groß, und das machte das Klima nicht gerade fremdenfreundlich. Außerdem sprachen wir auch Hochdeutsch. Ohne Dialektfärbung gehörte man einfach nicht dazu. Und das gleiche Vorurteil kam mir im Gymnasium entgegen, wo mir die erneute Umschulung ohnedies schwer zu schaffen machte.

Der Schulföderalismus war so ausgeprägt wie die deutschnationale Einstellung einer überalterten Lehrerschaft. In Rostock hatte ich mit Russisch in der letzten Klasse begonnen, in Hamburg wurde in der fünften Klasse Englisch die erste Fremdsprache, und in Mainz war es Französisch, dem Latein folgen sollte. Jedes Mal konnte ich also meine jeweiligen Kenntnisse wieder in den Ranzen packen und von vorn beginnen. Das machte mich am Ende schulmüde, und als meine Schwester und ich bemerkten, wie mühselig Ursel das Schulgeld zusammenkratzte, wie sehr es sie beschwerte, unsere Schulbücher zu bezahlen, schmiss ich die Schule und ging in die Lehre. Chemograph sollte ich werden, so jedenfalls die Empfehlung der Berufsberaterin im Arbeitsamt. Meine Schwester tat es mir nach und wurde Zahnarzthelferin. Später habe ich auf dem zweiten Bildungsweg nachgeholt, was ich für mein späteres Leben brauchte.

Unser Tempel, unsere Fluchtburg war: das Theater. Keine fünf Minuten mussten wir laufen, und schon waren wir am Bühneneingang. Wir kannten alle Opern und Operetten, von der *Zauberflöte* bis zum *Vogelhändler* mit der Christel von der Post, eine Partie, die Norah sang. Und wenn man auf den Text achtete, dann ist doch bemerkenswert, wie wenig sich geändert hat: »Nur nicht gleich, nicht auf der Stell./ Denn bei der Post geht's nicht so schnell.« Und Norah wirbelte über die Bühne und dürfte bei dieser Textstelle an die eigene schmale Gage gedacht haben: »Ich bin die Christel von der Post./ Klein das Salär und schmal die Kost.«

Wir ließen kaum eine Probe aus und gehörten bald zum Inventar wie der Fundus mit den Fräcken und Abendkleidern. Dort stöberten wir in den Probenpausen und rochen diese Mischung aus Schminke, Schweiß und Bohnerwachs. Noch heute erinnere ich mich genau an die Inszenierung von Jacques Offenbachs einziger Oper *Hoffmanns Erzählungen*, als Norah die Olympia einstudierte, eine schwierige Partie. Nicht so sehr schwierig zu singen, aber nicht leicht zu spielen. Denn die Olympia ist ein Automatenmensch, eine Puppe von großer Schönheit und einem Ebenmaß, dass sich Hoffmann in sie verliebt.

Norah wollte die Olympia als klassische Balletttänzerin geben. Die Solotänzerin brachte ihr bei, wie man mit diesen Ballettschuhen, vorn mit einer harten Lederkappe versehen, auf der Spitze tanzen konnte. Ihre Füße waren am Ende total bandagiert und voller Blasen. Aber sie hielt durch und schwebte über die Bühne, und immer, wenn das imaginäre Uhrwerk abgelaufen war und ihre Bewegungen eckig und kraftlos wurden, kam der Puppenmeister mit dem großen Schlüssel, der knackend ins Schloss gestoßen wurde, um das Uhrwerk hörbar aufzuziehen. Der Zuschauer hatte den Eindruck, dass die Mechanik und der Zugang dazu im Rücken der Puppe zu finden war. Und der Tonmeister des Theaters schaffte es, die Töne via Tonband und Lautsprecher in den Zuschauerraum zu leiten, wo das knarrende Aufziehen des Uhrwerks zu hören war und mit jeder Drehung des Schlüssels die Puppe zu neuem Leben erwachte. Eine wunderbare Leistung. Die Kritiken in der *Mainzer Allgemeinen Zeitung* waren überschwänglich.

Mich zog es nach der Schule immer zuerst ins Theater. Dort machte ich an den Proberäumen der Sänger halt, um ihren Stimmübungen zuzuhören. Dann sah ich meinen Vater vor mir, und heute kommt das Theater in Reichenberg mit in mein inneres Bilderbuch. Dann sehe ich ihn und Ursel vor mir und höre ihn, den lyrischen Bariton, höre ihn den *Figaro* von Mozart singen und frage abends Ursel, wie es damals war, als sie die schwierigen Partien mit Wolfgang einstudierte, sie am Klavier und er gut bei Stimme.

Auch Norahs Stimmübungen lauschte ich auf dem Gang. Ich erinnere mich an die Liederabende in Hamburg. Schubert, Schumann, Wolf. Musikalische Zyklen, die ich erst in New York wiederhören sollte, als mein guter Freund Thomas Quasthoff, dieser begnadete Bariton, die Carnegie Hall füllt und Schumanns *Dichterliebe* singt. Und auch da, nur begleitet von einem Pianisten, sehe ich Ursel am Klavier und sehe ihre zartgliedrigen Hände, die fast scheu über die Tasten gleiten. Diesen sanften und doch so modulierten Anschlag erinnere ich, so wie ich Gerüche erinnere. Und immer wieder fliege ich auf diese Weise zurück in das schon gelebte Leben und hole zurück, was immer in den Tiefen meiner Erinnerung dazu hochsteigt.

Ursel und Norah. Sie waren, das sehe ich heute, über viele Jahre ein Paar. Unzertrennlich, beide mit vielen schmerzenden Wunden, halfen sie sich über diese Zeit hinweg, im westlichen Deutschland der 50er Jahre, die doch noch so viel braune Färbung hatte und kleinbürgerliches Karo auch. Für uns Kinder damals in Mainz waren die beiden Frauen überlebenswichtig. Ihre Liebe war unsere Zuflucht. Ihre Herzlichkeit im Umgang miteinander bestimmte den Ton unseres Alltags in ihrer Nähe. Alles, was beiden wichtig war, Theater, Musik, Fürsorglichkeit und Zärtlichkeit, war auch uns wichtig. Sie waren wie ein unsichtbarer Schutz, der den Alltag um uns herum erträglich machte und zugleich verhinderte, dass wir ihm erliegen würden.

Und mit ihnen dieses Ensemble der Mainzer Bühne. Die Schauspieler und Sänger waren oft bei uns in der Dominikanerstraße, in unserem kleinen Zimmer, zu Gast. Weinselige, lachende, singende, Geschichten erzählende, schenkelklatschende, Legenden von den Bühnen Deutschlands zum Besten gebende Freunde, die wir liebten. Ihnen drückten wir in den Premieren und folgenden Aufführungen die Daumen, wenn die kitzeligen, ihre Stimmen aufs Höchste fordernden Passagen ihrer Soli anstanden. Mit ihnen feierten wir gelungene und weniger gelungen Premieren, und wir fühlten uns mit ihnen wie von gleich zu gleich. Und da wir alles mitbekamen, was Aufführungen glanzvoll machen oder schmeißen konnte, wie Heiserkeit, Frosch im Hals, Einsatz verpasst, Text vergessen, waren wir die Maskottchen. Wenn wir in der Aufführung waren, dann – toi, toi, toi – konnte nichts schief gehen.

Das war unsere Welt. Dagegen konnte kein schiefmäuliges Gebabbel, das uns manches Mal in dieser Stadt entgegenschlug, etwas ausrichten. Gegen die oft weinerliche Grantigkeit der rheinhessischen »Opfer«, die immer schon dagegen gewesen waren, hatten wir die freie Illusion des Theaters. Und später waren viele meiner Lieben mit ihm verbandelt. Welch Wunder.

KAPITEL 9

Erst Rock 'n' Roll, dann Karl Marx

Es war der hämmernde Rhythmus des Bill Haley, sein *Rock Around The Clock*, der die Emanzipation der Nachkriegsjugend von der Kriegsgeneration einleitete. Der Beat der neuen Musik trieb uns damals buchstäblich aus den Betten und von der Schlafcouch. Die Halbstarken erzürnten und verängstigten die Gemüter der schweigenden Väter, soweit diese die Kriegsgefangenenlager in Russland oder bei den Westalliierten überlebt und die Umerziehung als Misslaunigkeit der Siegermächte abgeschüttelt hatten. Der Wiederaufbau der zerstörten Städte, das Wirtschaftswunder, die Fresswelle, der die Reisewelle zu folgen begann, hatte sie derart in Anspruch genommen, dass sie wirklich glauben mochten, Nachfragen nach ihrem jeweiligen individuellen Anteil an der großen Katastrophe der Deutschen seien nicht mehr zu befürchten.

Und fürs Erste sollten sie auch Recht behalten. Die Unruhe, die sich in der Jugend breit machte, war im Ausgang der 50er Jahre eher unpolitisch. Es war zuerst und vor allem der Drang, sich zu unterscheiden. Der Petticoat und die Röhrenhose, die Elvislocke und Radio AFN, der amerikanische Soldatensender, waren die Duftmarken des Protests gegen die Elterngeneration. Konzerte der Rockelite, die jeweils mit unterschiedlicher Intensität, aber meist mit Randale der jugendlichen Zuschauer endeten, waren ein weiteres Zeichen dafür, dass das Aufbegehren gegen Mief und Muff der Adenauer-Jahre begonnen hatte.

Die US-amerikanische Kultur im Coca-Cola-Zeitalter, ihre

Musik, Jeanshosen und Jeansjacken wurden die äußeren Zeichen einer jungen Generation, die den autoritären Vätern den Rücken kehrte. Aus Frankreich wehte der Existenzialismus herüber und erfasste die intellektuelle studentische Jugend. Jean-Paul Sartre wurde der Guru, *Die Fliegen* und *Schmutzige Hände* waren Pflichtlektüre. Cool Jazz und die Balladen des Jacques Brel waren ihre bevorzugte Musik. Ihr Treffpunkt waren die Keller der ausgebombten Häuser. Ihre Kleidung war schwarz und ihre Weltsicht pessimistisch.

Von ihren Eltern erwarteten sie in der Regel wenig. Vielleicht mehr von ihren Müttern. Die ersten Naziprozesse hatten erste Wellen der Scham ausgelöst. Aber dennoch hörte man in fast jeder Familie den beruhigenden Hinweis, man sei auch dagegen gewesen. Das aber war wenig geeignet, den schleichenden, beunruhigenden Verdacht gegen die überlebenden Väter oder Großväter aus der Welt zu schaffen. Die Angst, in der eigenen Familie Täter zu finden, lähmte noch. Die große öffentliche Befragung sollte noch bis in die Mitte der 60er Jahre auf sich warten lassen.

Noch war es eher ein Rückzug in die Jazz- und Existenzialistenkeller, die in jeder Stadt zu finden waren. Dort wurde getanzt, geraucht, getrunken, geliebt und bis in die Nächte hinein diskutiert. Woanders litten die Konzerthallen. In den Kinos liefen Filme wie *... denn sie wissen nicht, was sie tun* oder *Jenseits von Eden*.

Ich hatte zu dieser Zeit, es war das Jahr 1958, gerade meine Lehre als Chemograph beendet. Mir war klar, dass ich mit diesem Beruf nicht viel anfangen würde. Immerhin war der Abschluss eine gute Voraussetzung, um zur Sprachenschule zugelassen zu werden, auf der ich es bis zum Übersetzer für Englisch brachte. Drei Jahre später begann ich ein Volontariat bei der *Mainzer Allgemeinen Zeitung*. Auch dazu bedurfte es entweder des Abiturs oder einer abgeschlossenen Berufsausbildung. Ursel verstand, dass ich mehr wollte. Wir sprachen über die mir offen stehenden Möglichkeiten.

Doch bevor ich einen einigermaßen klaren Berufsweg vor mir sah, dauerte es noch einige Jahre. Wir hatten mittlerweile in der Mainzer Neustadt eine kleine Wohnung bezogen, zweieinhalb Zimmer, Küche und Bad. Als Flüchtling waren Ursel 1000 Mark an »Hausratsentschädigung« zugesprochen worden. Und mit dem Bescheid über diesen Geldsegen, der 1958 ins Haus flatterte, konnte die Einrichtung der Wohnung vollendet werden. Wir hatten jetzt sogar einen Schallplattenschrank. Außerdem besaßen wir auch ein kleines Fernsehgerät, das ich in einem Anfall von Größenwahn meiner Mutter zum Geschenk gemacht hatte. Unmittelbar nach der Lehre hatte ich mich als Zeitschriftenwerber anheuern lassen. Es klang so wunderbar einfach, an der Haustür Zeitungs- und Zeitschriftenabonnements zu verkaufen. Wir fuhren mit einem VW-Bus über Land, eine Gruppe von etwa sechs jungen Leuten. Die Tour führte bis nach Bayern.

Mir stand das Anfängerglück zur Seite: Ich verdiente mehr an Provision, als ich für Hotelkosten und Verpflegung auszugeben hatte. Das brachte mich auf die Idee, Ursel zum Geburtstag diesen Fernsehapparat zu kaufen. Auf Raten natürlich. Noch heute frage ich mich, wie dieser Ratenvertrag hatte zustande kommen können. Schließlich war ich noch nicht volljährig. Ich war ungeheuer stolz über dieses Geschenk. Doch leider konnte ich nur die Anzahlung und die ersten zwei Raten bezahlen, dann musste Ursel, der das natürlich sehr schwer fiel, den Rest übernehmen. Mich hatte einfach das Glück verlassen. Ich lernte es nicht, Menschen etwas aufzudrängen, was sie nicht brauchen würden, und ihnen auch noch ein schlechtes Gewissen zu machen mit den traurigen Geschichten, die wir an den Haustüren erzählten. Ich konnte es einfach nicht überzeugend rüberbringen, dass ich mit der Provision entweder mein Studium zu finanzieren, meine kranke Mutter zu ernähren oder für ein Waisenhaus zu sammeln hatte. Meine Karriere als Drücker, wie diese Art Tätigkeit im Branchenjargon heißt, nahm jedenfalls ein abruptes Ende.

Ich erzählte Ursel über diese Erfahrung, und wir wurden schnell einig, dass ich über den zweiten Bildungsweg die Grundlagen für meine berufliche Zukunft nachholen sollte. Sie war völlig ahnungslos gewesen, was für einen Job ich da angenommen hatte, und mir hatte dieses Abenteuer deutlich gemacht, dass ich mit meiner Schmalspurbildung nicht weit kommen würde. So kam ich zur Sprachenschule und belegte außerdem Vorlesungen an der Universität. Und ich lernte Hans kennen. Hans war ein Intellektueller, war Publizist, Schriftsteller und Dozent. Wir hatten uns bei einer Lesung über Dadaismus in der »Katakombe« kennen gelernt. In der »Katakombe«, einem Jazzkeller und Treffpunkt der Jazzfans und Existenzialisten, jobbte ich als Kellner oder war an der Kasse oder beides. Ansonsten nahm ich auch jeden anderen Job an, um zum Lebensunterhalt unserer Flickenfamilie beizutragen.

Hans und ich kamen ins Gespräch, und er engagierte mich als eine Art Sekretär. Da ich gerade einen Schreibmaschinenkurs absolviert hatte, konnte ich ihm beim Schreiben der Manuskripte helfen; er schob mir handgeschriebene Blätter herüber, die ich dann abtippte. Hans schickte mich in Buchhandlungen, um mir Bücher zu kaufen, die er für nützlich hielt. Bei ihm lernte ich viel über Literatur, und da er ein Überlebender des Widerstandskreises der »Weißen Rose« war, erfuhr ich bei ihm manches über jüngere und ältere deutsche Geschichte. Und ich lernte zu fragen, wie es zum Ende der Weimarer Republik und zum Aufkommen des Nationalsozialismus kommen konnte. Kurz, ich wachte auf. Hans war öfter bei uns zu Hause. Und Ursel war glücklich, dass ich ihn, den um viele Jahre Älteren, zum Freund hatte. Er war mein Mentor und Lehrer. Er schürte meine intellektuelle Neugier, machte mich geschichtsversessen und brachte mir systematisches Lernen bei. Ich saß in Bibliotheken und las alles, was ich in die Hände bekam.

Ursel war oft dabei, wenn wir in meinem Zimmer saßen, Hans und ich, oft kamen ein paar Freunde dazu, um über das zu reden, was wir über Entstehung und Wirken des Nationalsozialismus wussten oder gerade lasen. Sehr berührt haben mich bis heute die tiefenpsychologischen Anmerkungen von Thomas Mann, seine kritischen und selbstkritischen Gedanken über *Deutschland und die Deutschen*. Er wie kein anderer hat den Wagner-Staat Hitlers dechiffriert. Ich habe lange suchen müssen, bis ich das Zitat wieder fand, das mich auch heute wieder beschäftigt:

»Wo der Hochmut des Intellekts sich mit seelischer Altertümlichkeit und Gebundenheit gattet, da ist der Teufel. Und der Teufel, Luthers Teufel, Faustens Teufel, will mir als eine sehr deutsche Figur erscheinen, das Bündnis mit ihm, die Teufelsverschreibung, um unter Drangabe des Seelenheils für eine Frist alle Schätze und Macht der Welt zu gewinnen, als etwas dem deutschen Wesen eigentümlich Naheliegendes.«

Eugen Kogons *Der SS-Staat* und später *Die Unfähigkeit zu trauern* von Alexander und Margarete Mitscherlich waren Lektüre zur immer gleichen Frage, wie begründet und wie verwurzelt das »Nie wieder« in der Nachkriegsgesellschaft war. Unser Misstrauen damals jedenfalls war groß. Und es schwächte sich erst nach 1968 ab, als Ergebnis des Aufbegehrens gegen das lange Schweigen der Vätergeneration.

Auch das Leben meines intellektuellen Freundes Hans Hirzel gehört hinein in diese wundersame Nachkriegszeit, die erst 1998 wirklich endete, als das Sowjetreich zusammenbrach und eine Zeitenwende begann, die die Teile des zerrissenen Deutschland wieder zusammenfügte. Für Hans und mich gibt es ein Davor und ein Danach.

Er hat mich durch die ersten Jahre meines Erwachsenenlebens begleitet, doch 1963, als ich Mainz verließ, haben wir uns eine Zeit lang aus den Augen verloren. Dennoch habe ich ihn nie vergessen. Anfang der 70er Jahre besuchte ich ihn in Wiesbaden, wo er wohnte. Es war ein Wiedersehen, das uns beiden Freude machte. Viel mehr habe ich nicht in Erinnerung, eben nur einen frohen Augenblick, der mit dem Austausch von Telefonnummern endete. Es freute ihn sichtlich, dass ich so schnell den Berufseinstieg als Journalist geschafft hatte und als Bonner Korrespondent für die *Süddeutsche Zeitung* arbeitete. Weitere acht Jahre später trafen wir uns noch einmal in Bonn. Damals war ich gerade aus den Diensten Willy Brandts und der SPD geschieden, hatte als freier Journalist meine ersten Gehversuche für das Fernsehen gemacht und dafür eine kleine Produktionsfirma gegründet. Wir saßen in meinem Büro in der Kurt-Schumacher-Straße gegenüber vom »Langen Eugen«, dem Abgeordnetenhochhaus, das seinen Namen von Eugen Gerstenmaier hat, dem langjährigen Bundestagspräsidenten, der mit viel Energie dieses Hochhaus im Bonner »Provisorium« durchgesetzt hatte. Dieser Bau hatte großen Protest erregt. Für Gerstenmaiers unterlegene Widersacher war er das Symbol für das Ende Bonns als »provisorische« Hauptstadt und der Abschied von allen Hoffnungen und Träumen auf eine deutsche Wiedervereinigung und Rückkehr in die alte Hauptstadt Berlin.

Hans war damals mit dem Regisseur Michael Verhoeven im Gespräch, der die Realisierung des Films über die »Weiße Rose« vorbereitete und Hirzel als Zeitzeugen befragte. 1982 kam *Die Weiße Rose* in die Kinos, ein von der Kritik wie von den Zuschauern begeistert aufgenommener Film, der die studentische Widerstandsgruppe um die Geschwister Scholl aus der Grauzone des unpolitischen und romantischen Jugendrevoluzzertums herausholte.

Hirzel suchte in Bonn Kontakte zu sozialdemokratischen Parlamentariern, die die Unrechtsurteile der Nazijustiz aufheben wollten. Eben auch die Urteile gegen Mitglieder der »Weißen Rose«. Hans hatte dieser Gruppe um die Geschwister Hans und Sophie Scholl angehört. Er war gerade 18 Jahre alt, als die Gruppe Februar 1943 aufflog und ihre wichtigsten Mitglieder verhaftet wurden. Ich sehe ihn vor mir, überwältigt von den Erinnerungen an diese Zeit. Während die Scholl-Geschwister im April hingerichtet wurden, kam er mit fünf Jahren Gefängnis davon.

Hans war für meine Entwicklung wichtig, und seinen mutigen Widerstand im Nazireich bewunderte ich. Meine Hochachtung vor seinem Lebensweg nahm mir vielleicht den Blick für Facetten, die diesen Hans Hirzel ebenfalls ausmachten. Und das ist ein anderer Hans als der, den ich in Erinnerung hatte. Der Hans, den ich kannte, schien mir untadelig. Sein intellektueller Sprachduktus ließ den Assistenten von Theodor W. Adorno erkennen und den Publizisten, der für die von Eugen Kogon herausgegebenen *Frankfurter Hefte* schrieb. Kein Fleck trübte mein Bild von Hans.

Und nach der Wende, als so vieles kippte, die vertraute Kulisse einer bipolaren Welt unterging und wir, die wir in der alten Bundesrepublik sozialisiert waren, vieles zu überdenken hatten, linke Selbstgewissheiten in Scherben fielen und ich mir die Augen rieb angesichts der Metamorphosen, die mancher auf dem linken Spektrum durchlebte, da kam mir Hans Hirzel unvermutet wieder ins Blickfeld. Es war das Jahr 1994. Ich lebte und arbeitete in Hannover, wo ich für den jungen Ministerpräsidenten Gerhard Schröder als Regierungssprecher und Staatssekretär des rot-grünen Kabinetts tätig war. Die Zeitungen berichteten über die kuriose Idee der rechten »Republikaner«, einen eigenen Kandidaten für die Wahl des Bundespräsidenten aufzustellen. Dieser Kandidat hieß: Hans Hirzel. Ich konnte es nicht fassen. Mein Freund und Mentor Hans als der chancenlose Zählkandidat für eine Partei, die all dem entgegenstand, wofür er gestritten und gelitten hatte. Die Nachricht versetzte mir einen Tiefschlag, machte mich ratlos und wütend. Mehrfach hatte ich den Telefonhörer in der Hand, um bei Hans selbst nachzufragen, und legte doch wieder auf. Nein, ich wollte diesem von mir als Verrat empfundenen Frontwechsel nicht auf den letzten Grund gehen. Ich wollte nicht zuhören, wenn Hans etwas zu rechtfertigen versuchte, was für mich nicht zu rechtfertigen ist. Ich wollte nicht in eine Situation geraten, in der ich womöglich nur die eifernde Propaganda eines gefallenen Helden hätte ertragen müssen, der endlich die öffentliche Aufmerksamkeit hatte, die ihm sonst nicht oder nicht ausreichend entgegengebracht worden ist.

Zwei Jahre später wurde er bei einem Parteitag der Republikaner, der in Hannover stattfand, auch noch stellvertretender Bundesvorsitzender. Irgendwann hat er die Partei wieder verlassen, sitzt heute als Parteiloser im Wiesbadener Stadtrat, als habe er sich in eine quasi neutrale Ecke zurückgezogen. Aber ist das überhaupt möglich? Ich lese auch ein Interview, das Hans im Frühjahr 2003 der am rechten Rand nach neuen Lesern suchenden *Jungen Freiheit* gegeben hat. Ein schillerndes Gespräch, wo in einigen Passagen der Hans, den ich kannte, aufblitzt. Aber was lese ich da auch: eine Unsicherheit über seine Motive des Widerstandes gegen Hitler, die er einst so klar beschreiben konnte. Er sagt: »Das, was sich mir konkret als ›Nationalsozialismus‹ darbot, war mir fremd. Doch andererseits wusste ich, dass mir der Durchblick fehlte, um zu erkennen, was sich unter der Sammelbezeichnung ›Nationalsozialismus‹ alles verbarg. Vom Niveau her empfand ich das, was als typisch nationalsozialistisch betrachtet wurde, als abstoßend.« Den Völkermord der Nazis will er nicht beim Namen nennen; mehr als eine »Ächtung« und »Diffamierung« der Deutschen jüdischen Glaubens ist ihm der Holocaust nicht. Welch eine Verharmlosung, was für eine Klitterung der Geschichte.

Als ich ihn kennen lernte, stand Hans für das Gegenteil, dafür, endlich klare Worte zu finden in der kleinbürgerlichen, kleinkarierten und paralysierten Welt der Wirtschaftswunderjahre, die nicht die Kraft fand, sich der jüngsten Vergangenheit zu stellen.

Im Ausgang der 50er Jahre hatte die Entgiftung des Alltags noch kaum begonnen. In Schule, Bundeswehr, Justiz und Sprache hatte sich noch ein reichlicher Rest des Naziweltbildes in die Gegenwart gerettet. Ursel registrierte diesen Alltag mit seinen braunen Pendelschlägen wie ein Seismograf. Wer die Wochenschauen von damals in Erinnerung hat, deren Bildauswahl und Sprachmustern nachschmeckt, wird sich erinnern, wie zögerlich kritische Reflektion Einzug hielt und wie dünn die demokratische Decke noch war.

1953, nach dem Aufstand der Bauarbeiter in Ostberlin und anderen Städten in der DDR, den wir atemlos am Radio verfolgten, steigerte sich die Rhetorik des Kalten Krieges auf beiden Seiten der bipolaren Welt. Schikanen auf den Transitwegen nach Berlin waren an der Tagesordnung, und manches Mal schien es, als ob der kalte in einen heißen Krieg umschlagen könnte. Auch diese äußeren Umstände in einer Welt, die das Trauma der Weltkriegskatastrophe noch lange nicht verarbeitet hatte, führten wohl dazu, dass die große Verdrängung um sich griff.

Gleichzeitig hatte deutsch-nationales Denken Renaissance. Der Historiker Heinrich August Winkler zitiert in seinem dickleibigen Band *Der lange Weg nach Westen* dazu eine Reihe von Umfragen, die klarmachen, in welch restaurativem Alltagsklima sich unser Leben bewegte. Eine Umfrage von 1955 gibt Auskunft über die Stimmung dieser Jahre: Wäre es damals nach der Mehrheit gegangen, so wären die Farben der Bundesrepublik

Schwarz-Weiß-Rot, also die kaiserlichen Farben des Deutschen Reichs, geblieben; dafür sprachen sich 43 Prozent der Befragten aus, nur 38 Prozent für die republikanischen Farben Schwarz-Rot-Gold. Eine andere Umfrage aus dem Jahr 1951, die Winkler zitiert, gibt Auskunft über die Frage, in welcher Zeit es den Deutschen ihrer Ansicht nach am besten gegangen sei. 45 Prozent nannten das Kaiserreich vor 1914, 42 Prozent die Jahre 1933 bis 1939, sieben Prozent die Weimarer Republik und nur zwei Prozent die Gegenwart. Kein Wunder, dass 37 Prozent eine gute Meinung über Hermann Göring und immerhin noch 24 Prozent über Hitler hatten.

Die Zeitungen und ihre Meinungsseiten verströmten mit wenigen Ausnahmen dieses Klima der Verdrängung oder doch Verniedlichung der Hitlerzeit. Die Wiederbewaffnungsdebatte passte zu dieser Gemütslage. Es traf auf das noch in den letzten Kriegsmonaten geschürte Bewusstsein, gebraucht zu werden im Kampf gegen den Antichristen, gegen den Bolschewismus. Ein Denken, das als Wechselbalg schon den Nazis zur Verfügung gestanden hatte, um den totalen Krieg zu begründen. Das Menetekel der bolschewistischen Gefahr war für manch einen im Nachkriegsdeutschland eine fabelhafte Bestätigung der Selbstgewissheit, doch noch Recht zu bekommen.

Und solchem Denken begegnete man zur Genüge im Alltag der jungen Republik. Zum Beispiel in Gestalt eines gewissen Herrn Brunner, eines hartnäckigen und nicht abzuschüttelnden Verehrers meiner Mutter. Er war ein Wochenendschatten, der Ursel verfolgte. Unter der Woche, so sagte er, hatte er als Vertreter eines Weingroßhandels keine Zeit. Es dauerte eine Weile, bis wir erfuhren, warum er nur am Wochenende für einige Stunden seine allerdings unerwiderte Zuneigung für Ursel ausleben konnte.

Einige Male hatte er uns, meine Schwester und mich, auf seine Vertreterfahrten mitgenommen. Sie führten zu den Weingütern längs des Rheins. Später stellte sich heraus, dass er verheiratet war und Familie hatte, die natürlich nichts erfahren sollte. Irgendwann kam es dann doch auch zu Gesprächen über das wirkliche Leben, und er enthüllte sein Weltbild. Ich hatte nachgefragt, als er sich wieder einmal abfällig über »die Judde«, die schon wieder das Sagen hätten, geäußert hatte. Er war Pfälzer und sagte immer »die Judde«. Es kam zu einer heftigen Auseinandersetzung. Ich sehe Ursel noch immer vor Empörung blass und in unbändiger Wut ihm gegenübersitzen. Nie hatte ich geglaubt, dass es Menschen gibt, denen die Vernichtung der europäischen Juden nicht das geringste Unrechtsbewusstsein abnötigte. Es gab sie. Meine Mutter beendete das Gespräch. Sie wies ihm die Tür und fegte ihn mit dem Satz hinaus: »Lassen Sie sich nie wieder hier blicken.«

Brunner war keine Ausnahme. Jeden Tag gab es ähnliche Auseinandersetzungen. Die Nabelschnur der Bundesrepublik reichte zurück in die unseligen Hitler-Jahre, und es lief noch reichlich Kraftstoff aus den ideologischen Giftkammern dieser Zeit in die Gegenwart der ausgehenden 50er und beginnenden 60er Jahre. Der Heimatfilm, ein besonders erfolgreiches Genre der frühen Jahre nach dem verheerenden Krieg, reproduzierte die Sehnsucht der noch einmal Davongekommenen nach einer heilen Welt, in der der deutsche Wald rauschte und die Heide blühte. Kritik war unerwünscht. Die Furcht vor jeglicher Veränderung des Denkens reichte weit und trieb seltsame Blüten. So löste 1951 eine Szene im nach heutigen Maßstäben vollkommen harmlosen Film *Die Sünderin*, in dem die Schauspielerin Hildegard Knef wenige Sekunden lang nackt zu sehen war, eine öffentliche Empörung aus, die nur zu verstehen ist, wenn man sich die verklemmte restaurative Grundstimmung jener Jahre vor Augen führt. Es war der Auftakt für eine Hexenjagd auf alles, was dem rechtskonservativen Zeitgeist zuwider war. In diese Atmosphäre geriet noch 1963, mehr als ein

Jahrzehnt später, Ingmar Bergmans innovativer und für damalige Verhältnisse radikaler Film *Das Schweigen*, der sofort wütende Proteste derjenigen hervorrief, die das Volksempfinden in Gefahr sahen. Der rechte Flügel der CDU/CSU und Teile des katholischen Klerus riefen die »Aktion saubere Leinwand« ins Leben und die Kinogänger zum Boykott gegen alles auf, was schon ihre geistigen Vorgänger als »entartet« bewertet hatten.

Noch heute habe ich Schwierigkeiten, einigermaßen sachlich über diese Zeitspanne zu schreiben. Ich habe einen unüberwindlichen Widerwillen sogar gegen die Designleistungen dieser Jahre wie Nierentisch und Tütenlampe. Dennoch, sie brachte auch oppositionelles Denken zum Vorschein, erste Anzeichen eines beginnenden zivilgesellschaftlichen Widerstandes gegen die von moralischen Phrasen normierte heuchlerische Wohlanständigkeit.

Und wir, die wir in den Jazzkellern dieser Zeit groß wurden, suchten unsere eigenen Antworten. Als ich Anfang der 60er Jahre das ersehnte Volontariat bei der *Mainzer Allgemeinen Zeitung* begann, konnte ich über die Empfindungen meiner Generation schreiben. Anlässe gab es genug. 1962 die *Spiegel*-Affäre, die uns zu Tausenden auf die Straße trieb. *Spiegel*-Herausgeber Rudolf Augstein verhaftet, ebenfalls Conrad Ahlers, ein Redakteur des *Spiegel*. Beiden wurde vom damaligen Bundeskanzler Adenauer (CDU) und seinem Verteidigungsminister Franz Josef Strauß ein »Abgrund von Landesverrat« vorgeworfen, weil *Der Spiegel* über ein Stabsmanöver der Bundeswehr berichtet hatte, aus dem schlicht hervorging, dass die Bundesrepublik einen atomaren Schlagabtausch nicht überleben würde. Der Artikel unter der Überschrift »Bedingt abwehrbereit« aus der Feder von Ahlers war nur ein Anlass, um endlich gegen das missliebige Nachrichtenmagazin vorgehen zu können. Diese Affäre wurde zu einer Bewährungsprobe für die geschenkte Demokratie in Deutschland. Und es zeigte sich, dass sie anfing, tiefe und feste Wurzeln zu treiben. Die Politisierung meiner Generation begann. Unsere Debatten damals, die bestimmt waren von der Erfahrung der Nazizeit, kreisten um gesellschaftliche Alternativen, um einen dritten Weg zwischen Kapitalismus und dem für uns ebenso abstoßenden sozialistischen Realismus der Sowjetunion. Unsere Amerika-Verheißung war zudem gerade im Kugelhagel einer Mordserie verendet, der zuerst, 1963, John F. Kennedy, der auch bei uns populäre junge US-Präsident, und 1968 sein Bruder Robert und der große Träumer Martin Luther King zum Opfer fielen.

Das Debakel der *Spiegel*-Affäre – alle Vorwürfe der damaligen Bundesregierung fielen kläglich in sich zusammen – führte schließlich zum Rücktritt von Strauß als Verteidigungsminister und war der Anfang vom Ende der Adenauer-Ära. Ahlers und wenig später auch Augstein wurden aus der Haft entlassen. Damit bahnte sich in der Bundesrepublik eine Zeitenwende an, die 1969 schließlich zur ersten sozialliberalen Koalition unter dem Kanzler Willy Brandt führte. Und Conrad Ahlers wurde sein Regierungssprecher.

KAPITEL 10

Norah

Im Sommer 1956 hatte sich zwischen Ursel und Norah eine zunehmende Entfremdung bemerkbar gemacht. Zu meinem Entsetzen flüsterte mir meine Schwester einmal zu: »Sie wollen sich trennen.« Für mich war es unvorstellbar, dass Norah und Ursel eines Tages nicht mehr diese wunderbare Einheit bilden würden. Damals hatte ich die Beziehung zwischen den beiden als etwas ganz Selbstverständliches erfahren. Bärbel und ich haben erst Jahrzehnte später, so richtig erst, als ich mit der Vorbereitung dieses Buches beschäftigt war und mir Stück für Stück die Erinnerung lebendig zu machen versuchte, wie eine Erleuchtung die Liebesbeziehung zwischen Ursel und Norah entdeckt. Dass Frauen zusammenlebten, gehörte im Übrigen in der durch Hitler und seinen Krieg enthaupteten Kriegsgeneration zum Alltag und damit auch zu unserer Alltagserfahrung.

Aber zwischen Ursel und Norah war es immer mehr gewesen. Sie hatten die gleichen Neigungen, sie liebten die Musik und das Theater. Sie waren sensibel und klug und irgendwie füreinander gemacht. Norah hatte für uns mehr und öfter Zeit zur Verfügung als Ursel. Während Ursel über all die Jahre morgens das Haus verließ, um abends erschöpft und müde zurückzukehren, war Norah da zum gemeinsamen Frühstück, und oft war sie nachmittags noch oder wieder zu Hause, wenn wir Schularbeiten zu machen hatten und dabei dringend auf ihre Hilfe angewiesen waren. Ursel war diejenige, die in den verschiedensten Berufen dafür sorgte, dass unser Lebensunterhalt gesichert war, ob als Putzfrau, Kassiererin und eben Mädchen für alles in einem Kino in Warnemünde, immer wieder als Arzthelferin, Stenotypistin oder Verlagssekretärin, später in Mainz als Sekretärin in einem Landesministerium und im Arbeitsamt. Sie sorgte für uns, und wir wussten es und unternahmen alles, was wir konnten, um ihr das Leben jedenfalls nicht schwerer zu machen.

Norah, das Bildungswunder, sprach drei Fremdsprachen fließend – Englisch, Französisch und Russisch –, und war in Mathe beschlagen, was vor allem für mich wichtig war. Unsere Norah, die so herzhaft lachen konnte, deren Humor uns amüsierte. Damals in Mainz auf der Bühne des Theaters – für uns war sie der Star. Ihre Stimme, ihre Koloraturen, die sie so sicher setzen konnte, sie hatte unsere große Bewunderung. Wir waren uns einig, meine Schwester und ich, Norah war unser Glücksfall.

Manchmal befürchtete ich sogar, dass irgendwann ein Mann auftauchen könnte, der sie uns wegnehmen würde. Ich erinnere mich, in den Spielzeiten, in denen Norah in Mainz engagiert war, immer erst sehr misstrauisch das Ensemble beobachtet zu haben, ob da möglicherweise jemand sei, der bei ihr landen könnte.

Und jetzt die unverhoffte Gefahr, dass diese Beziehung zerbrechen könnte. Natürlich hatte ich den Mann bemerkt, der zur Gefahr werden sollte. Nur eben nicht für Norah, sondern für Ursel. Er war Arzt und machte Urlaubs- und Krankheitsvertretungen. Auffallend oft kam er zur Visite, um nach Ursel zu sehen, die mit einer schweren Erkältung im Bett lag. Sie hat mit uns kein Wort über diese auch für sie sicher quälende Situation gesprochen. Aber Norah wird nicht lange gebraucht haben, bis ihr klar war, was sich da entwickelte.

Noch heute spüre ich diese schleichende Entfremdung zwischen beiden. Ich spüre die Qual, die sich ausbreitete und unser Zuhause veränderte. Für Norah begannen schreckliche Tage und Wochen. Sie sah, dass ihre Beziehung zu Ursel in die Brüche zu gehen drohte. Und sie versuchte alles, um sie zu erhalten. Sie kämpfte um ihre Liebe zu Ursel, doch sie kämpfte vergeblich. Aber es war ja nicht nur Ursel. Auch wir, Bärbel und ich, waren ein wichtiger Teil ihres Lebens. Wie wichtig und wie berührend dies war, erfuhr ich, als sie von mir Abschied nahm. Es war ein Augenblick, an den ich oft zurückdenken muss. Wir waren allein. Und ich sah ihr an, wie es um sie stand. Sie weinte, brauchte Trost, und wir fielen uns in die Arme, und sie küsste mich, wie sie mich noch nie geküsst hatte. Verzweifelt klammerte sie sich an mich. Und ich streichelte sie, meine Norah. Ich nahm Abschied von ihr, von ihren Augen, ihrem Mund, ihrer Haut. Ein zärtlicher, schmerzlicher Moment. Ein Augenblick nicht wiederkehrender großer Nähe und Zärtlichkeit. Unser Abschied.

Am nächsten Tag war sie ausgezogen. Es brauchte lange, bis unser eigenes Leben den Platz ausfüllte, den sie hinterlassen hatte. Und auch Ursel litt. Sie litt auf doppelte Weise. Ein Tag ohne Norah, wann hatte es das schon gegeben. Und ihre Hoffnung zerschellte, für ein anderes Leben an ihre Stelle den Mann zu setzen. Der Arzt, der Verehrer, der Norah vertrieben hatte, war morphiumsüchtig. Keine Entziehungskur half. Es war eine Beziehung, die wieder nur einen Anfang hatte, aber keine Fortsetzung.

Ich weiß nicht, wann Norah aus Mainz wegging. Dann und wann hörten wir von ihr. Ihr Koloratursopran, den ich zwischen allen Stimmen erkannte, erklang manchmal in Radiokonzerten. Ich erinnere mich an ein großes Funkkonzert, eine Aufnahme aus Stuttgart. Danach habe ich sie nie wieder gesehen. Meine Schwester und ich hofften immer wieder auf den Zufall einer Begegnung. Vergeblich. Fünf Jahre später dann, Ende 1961 oder Anfang 1962, noch einmal ein kurzer Anruf aus Stuttgart, von dem uns Ursel erzählte.

Norahs verlassener Platz am Tisch blieb nicht lange leer. Noch im selben Jahr zogen meine Großeltern bei uns ein. Sie hatten als Rentner die Ausreisegenehmigung aus der DDR erhalten und bezogen eines unserer zweieinhalb Zimmer in der Josefstraße. Das halbe Zimmer teilte ich mit meiner Schwester; Ursels und Norahs ehemaliges Schlafzimmer wurde das Wohnzimmer und blieb Schlafraum für Ursel. Bärbels und mein Zimmer war mit einem Schrank, Tischen und Stühlen, zwei Betten und den Accessoires der 50er Jahre möbliert – Nierentisch, Stehlampe mit Trompetenschirm – und zum Bersten voll.

Für Bärbel und mich bedeutete Norahs Abwesenheit ein furchtbarer Verlust, den wir, wenn wir allein waren, noch lange betrauerten. Sie fehlte uns, als große »Schwester« und verlässliche Freundin und mehr als das – sie war uns durch die Zeit unserer Pubertät hindurch Ersatz für unsere meist abwesende Mutter gewesen.

Auch für Ursel hatte Norah lange Jahre eine Leerstelle gefüllt: die des verlorenen Ehepartners und die künstlerische Seite, die Norah stellvertretend verwirklicht hatte. Ich kann mich nicht erinnern, ob wir je mit Ursel über den Bruch ihrer Beziehung zu Norah haben sprechen können. Es war wie ein Tabu, das wir uns auferlegten. Bärbel und ich bemühten uns ehrlich, den Lebenskampf der Mutter, wenn irgend möglich nicht zusätzlich zu beschweren, sondern vernünftig zu sein oder das, was wir dafür hielten. Dazu gehörte lieber zu schweigen, als über das zu sprechen, was uns bedrückte. Und Ursel, verschlossen, müde, abgekämpft, ließ uns nicht teilhaben an dem, was sie innerlich beschäftigte. Wir ahnten mehr, als wir wussten – und wir wussten nicht, ob unsere Ahnungen mit Ursels Wirklichkeit übereinstimmten. Und so waren wir vielfach verwoben in unseren unsichtbaren Netzen gemeinsamen Schweigens und Verschweigens.

Wenn etwas typisch zu sein scheint in dieser Nachkriegszeit, gut ein Jahrzehnt nach dem Trauma eines »totalen Krieges«, dann war es die kollektive Unfähigkeit zu reden, wenn es an der Zeit war. Selbst in den intimen Augenblicken, wenn Bärbel und ich uns in unser Zimmer zurückzogen, hatte es meine Schwester schwer, mich aus meiner Verschlossenheit zu holen. Auch ich hatte die Neigung, alles mit mir selbst abzumachen. Wie hätten wir auch anders sein und reagieren können als die Welt um uns herum.

Wenn ich heute darüber nachdenke, fällt es mir schwer nachzuvollziehen, warum wir nicht den Mut aufbrachten, das unausgesprochene Redeverbot über Norah zu brechen. Stattdessen nahmen wir Ursels Schweigen hin. Und daraus folgte, dass wir viel zu spät darüber nachdachten, nach ihr zu suchen. Immer hatten Bärbel und ich uns in den vielen Jahren ausgemalt, was aus Norah wohl geworden war, doch wir sind nicht wirklich aktiv geworden. Nur die Erinnerung an sie war nie wirklich verblasst. Ich abonnierte eine Theaterzeitschrift, die über das Geschehen an deutschen Opernhäusern berichtete, um auf diese Weise vielleicht auf ihren Namen zu stoßen. Nein, nichts. Meine Schwester hatte einen Bekannten im Bundeskriminalamt, den sie irgendwann in den 90er Jahren bat, mit seinen Möglichkeiten und seinen Suchmaschinen nach Norah zu forschen. Kein Einwohnermeldeamt in Deutschland hatte ihren Namen im Register. Und auch sonst kein Ergebnis. Und so fanden wir uns damit ab, dass sie für uns verschollen war.

Erst im Verlauf der Recherchen für dieses Buch erfuhren wir aus dem Internet von ihrem Verbleib. Die Suchmaschine brachte im Netz ihren Nachruf zutage. Veröffentlicht in der Lokalzeitung von Eugene, Oregon, USA. Konsterniert las ich den knappen Bericht:

»COTTAGE GROVE – Norah Ilse Matilde K. of Cottage Grove died February 3 of cancer. She was born June 12, 1923, in Hamburg, Germany, to Harry and Ester K.

She lived in France and England until 1938, when she returned to Germany. During World War II, she lived in Kiew, Russia, with her singing teacher, where she worked as a nurse for the Red Cross. She gave concerts for the prisoners of war. She continued her singing career in East Germany, and in 1950 she won the Bach Price at the Bach Festival.

K. moved to Los Angeles in 1962 and worked as a music professor at Loyala Marymount College for nine years. She semiretired in 1979 and moved to Cottage Grove where she tought singing. Music was her life, and her students and friends will remember her for her many musical accomplishments.

Survivors include a sister, Ester, of Munich, Germany.«

Nur wenige Nachrichten gab es, die mich ähnlich traurig gemacht haben. Meine Hoffnung, sie wieder zu sehen, bleibt unerfüllt. Ich werde ihr Grab besuchen. Dort werde ich mir erneut alle Fragen stellen, die sie mir nicht mehr beantworten kann. Nichts steht in diesem Nachruf über ihre Jahre in Hamburg und Mainz und über die Zeit danach. Hatte sie diese Zeit aus ihrem Gedächtnis gestrichen? War der Bruch mit Ursel eine Wunde, die nicht heilte? So klein diese Notiz in Eugenes Lokalzeitung auch war, sie erzählte mir sehr viel Neues.

Ich wusste nichts von der Auszeichnung, die ihr, wie ich nun erfuhr, im Juli 1950 während des 27. Deutschen Bachfestes in Leipzig als Internationaler Bach-Preis verliehen wurde. Ich wusste nichts von Kiew und entnehme dem Nachruf, dass sie dort den Zweiten Weltkrieg verbracht hat. Dort hat sie den Überfall auf Russland und die deutsche Besetzung erlebt. Und sang vor russischen Kriegsgefangenen. Und die Gesangslehrerin, mit der sie offenbar vor oder doch unmittelbar nach dem Überfall auf die Sowjetunion nach Kiew ging, um dieses Schreckensland Deutschland zu verlassen, ich hatte sie in Rostock gesehen. Diese Frau mit dem als Kranz gewundenen Zopf, mit den hohen Backenknochen, den braunen Augen, die uns so ungern bei sich hatte. Dass Norah als Krankenschwester gearbeitet hatte, wusste ich, jedenfalls erinnerte ich mich daran, als ich wieder darüber las.

Und ist es nicht merkwürdig, dass Ursel in Danzig bunte Abende für die deutschen Landser organisierte, die den furchtbaren Krieg nach Russland getragen haben, zur möglicherweise gleichen Zeit, da Norah mit ihrem Gesang in Kiew russischen Kriegsgefangenen Trost spendete. Welche merkwürdige Gemeinsamkeit. Auf eine ganz andere Weise auch eine Gemeinsamkeit mit Ursels unbekanntem Schwiegervater Max Heye. Er verhalf dem Rundfunk der frühen Zeit mit der Idee der bunten Abende zu großer Popularität. Das PR-Genie Goebbels nutzte das Radio, den »Volksempfänger«, mit größter Meisterschaft für die Verbreitung der schrecklichen Ideen seines Herrn und Meisters. Und Ursel, die das Regime hasste, wurde zu seinem Werkzeug. Welch Treppenwitz in der Familiengeschichte.

Was für ein Leben, das Norah gelebt hat. Und ich lebe in New York, und es wäre ein Leichtes gewesen, sie in Eugene zu besuchen. Dort findet jedes Jahr ein Bach-Festival statt… Im Februar 2002 ist sie gestorben. Und hier in New York, wo so viele Tausende überlebende Opfer des Naziterrors einen sicheren Hafen gefunden haben, wo auf Schritt und Tritt buchstäblich Erinnerung lebt an diese Zeit, hier stoße ich intensiver als je zuvor auf die Geschichte meines schwierigen Vaterlandes.

Ich gehe in eine Ausstellung, in der die junge deutsch-spanische Künstlerin Sigrid Hackenberg eine Video-Klang-Installation vorstellt, Thema Aufstand und Vernichtung des Ghettos von Wilna in Litauen. Sie arbeitet seit vielen Jahren über Opfer des Widerstands 1933 bis 1945, kommt von diesem Thema nicht los. Sigrid Hackenberg ist auf die nicht erzählte Geschichte dieses Dramas in Litauen gestoßen, hat Namen von Opfern und Widerstandskämpfern und ihren Peinigern gefunden. Auf den Projektionswänden in der Ausstellungshalle in Brooklyn gibt sie den Toten mit ihrem eigenen Körper Gesicht und Leben zurück. Es waren nur Namen bis zu dieser Ausstellung, und jetzt sind es Menschen, die auf den Videowänden von der Künstlerin wieder zum Leben erweckt werden. Die Installation drüben am East River zeigt in verlangsamten Bewegungen auf drei Leinwänden ein groteskes Ballett. Auf einmal wird Geschichte lebendig. Taten, Stolz und Mut dieser Menschen werden greifbar. In Wilna saß mein Vater damals, 1943, im Wehrmachtsgefängnis und wartete auf seinen Prozess.

Ich erzähle der Künstlerin von meinem Buchprojekt. Das auch ich über Tote schreibe, von Leben und Selbstbehauptung unter den Bedingungen dieser Zeit. Und ich sage ihr, dass auch ich nicht mehr will, als die Erinnerung an ihren Mut und ihr Versagen zu erhalten. Vielleicht hilft es helfen, Geschichte zu begreifen und zur Einsicht zu gelangen, dass es nie wieder dazu kommen darf, dass Menschen um ihr Leben betrogen werden. Nicht jeder ist ein Held, und heldenhafte Zeiten sind in der Regel eine Katastrophe für den großen Rest.

Zwei Jahre nach Norahs Weggang heiratet meine Schwester. Sie wird zwei Kinder haben und in Mainz bleiben, das ich möglichst rasch verlassen möchte. Sie wird Trost und Stütze für Ursel sein, die ihre Lebenskraft zu verlieren beginnt. Der unmittelbaren Verantwortung für die Kinder entledigt, hätte sie mehr denn je den Zuspruch und die Kreativität Norahs gebraucht, um nicht zu ermüden. Bleiben wird Bärbel, die sich lange Jahre müht, der Mutter so etwas wie Lebensmut zu vermitteln.

Es wird immer schwerer werden, erst recht, nachdem eine letzte Nachricht von Norah kam. Sie rief aus Stuttgart an: »Ursel, Wolfgang lebt.« Sie hatte im Telefonbuch den Namen von Wolfgangs Vater, Max Heye, gefunden und hatte einfach angerufen. Von ihm erfuhr sie, dass Wolfgang die Hölle des Krieges überlebt hatte.

KAPITEL 11

Vatertag

Um die Jahreswende 1961/62 klingelte in der Dobelstraße in Stuttgart das Telefon. Es war der Anschluss von Max Heye. Am Telefon war Norah, die sich für Aufnahmen für den Südfunk in Stuttgart aufhielt.

Max Heye war ein prominenter Stuttgarter Bürger, dem die *Stuttgarter Zeitung* drei Jahre zuvor zu seinem 75. Geburtstag ein begeistertes Porträt gewidmet hatte. Der Artikel klingt fast so, als habe der Jubilar dem Reporter höchstselbst in den Block diktiert, wie er sein Leben und seine Leistungen sah. Er berichtet über die großen Namen, die er als Intendant zu Gastspielen an die Stuttgarter Bühne geholt hatte: Heinrich George, Paul Wegener, Georg Alexander. Dieselben Namen tauchen auch bei Ursel, seiner unbekannten Schwiegertochter, auf; sie hatte sie für die Unterhaltungsabende der Truppenbetreuung in der Außenstelle Danzig engagiert. Hier berührt sich eben manches. Der Artikel macht das ungebrochene Selbstbewusstsein des 75-Jährigen deutlich, den ich gern gefragt hätte, wie er sich wohl in der dunkelsten Zeit Deutschlands gefühlt haben mag, als er sein Publikum mit Schwänken und Volksrevuen, vermutlich noch in schwäbischer Mundart und mit Max Strecker als Star, unterhielt und ablenkte. Mein Großvater. Ich habe ihn nie kennen gelernt.

1943, »mitten im Krieg«, wie der Reporter festhält, musste Heye urplötzlich als Intendant abdanken. Es ist ihm vermutlich gegangen wie Ursel, die ihre Scheidung einreichen musste.

Sie hatte einen Mann und er einen Sohn, der von der Wehrmacht desertiert war, ein Vaterlandsverräter. Sein krachendes Selbstwertgefühl, das aus allen Zeugnissen spricht, die über ihn in Stuttgart zu finden sind, konnte jedenfalls einen solchen, vom Sohn verursachten Karrierebruch nicht verzeihen. Ursels Scheidung war am 16. September 1943 rechtskräftig geworden, und fast gleichzeitig musste er gehen. In einer in Stuttgart publizierten *Geschichte des Schauspielhauses* äußert der Autor jedenfalls Verwunderung über diesen späten Abgang und den Übergang des Hauses in die Obhut der Reichskulturkammer, wo doch auch zu Heyes Zeit schon alles gleichgeschaltet war.

Max Heye und sein Abschied als Intendant des Schauspielhauses Stuttgart in der Kleinen Königstraße. Es ist nicht mehr festzustellen, ob dem eine Vorladung bei der Gestapo vorangegangen war. Sollte sie stattgefunden haben, wird er eine Variante von dem gehört haben, was schon Ursel sich anhören musste: Als Intendant eines deutschen Theaters war er nicht mehr tragbar. Max Heye hatte bis dahin mit Lustspielen und Schwänken, mit Boulevardtheater unterschiedlicher Güte die Naziära unbeanstandet überwintert. Seinen Sohn hatte er offenbar von der Liste gestrichen; seine Ehe war früh geschieden worden, und seine Kinder erwähnte er nie. Der einzige Verwandte, den er einer Erwähnung wert fand, war sein Vater, ein wie er schreibt, hoch dekorierter Offizier im Ersten Weltkrieg. Und nun, 1943, fährt ihm der Sohn in die Parade, ein Deserteur, der das Soldatsein hasste und der ihm nach seiner Überzeugung nie das Wasser reichen konnte.

Norah, die von all dem nichts ahnen konnte, hat den Namen Max Heye im Telefonbuch gefunden. Sie hatte sich erinnert, dass Wolfgangs Vater nach Stuttgart gegangen war. Und so griff sie zum Hörer – und hatte Max Heye am Telefon. Sie habe ihn ein wenig unsicher gefragt, ob er der Max Heye sei, der einen Sohn Wolfgang und eine Tochter Nenni habe. Er bejahte dies ziemlich unwirsch und erklärte der fassungslosen Norah, dass sein Sohn den Krieg überlebt habe. Dann fügte er hinzu: »Ich will Ihnen aber gleich sagen, wir haben keinerlei Beziehung zueinander. Für mich ist der gestorben.« Er lässt sich dann gerade noch darauf ein mitzuteilen, dass »der« wohl ebenfalls in Stuttgart lebe. Mehr wisse er nicht.

Das Gespräch war damit beendet. Norah, von der wir bis dahin kein Lebenszeichen hatten, rief noch aus Stuttgart bei Ursel an, um ihr von dem Gespräch mit Max Heye zu berichten. Vor allem von seiner Auskunft, dass Wolfgang Heye den Krieg überlebt habe. Es war Norahs letzter mir bekannter Kontakt mit Ursel.

Ich erfuhr von dieser unglaublichen Nachricht durch einen Anruf meiner Schwester. Mit kleiner Stimme, so als könne sie selbst nicht fassen, was Norah da aus Stuttgart berichtet hatte, sagte sie nur: »Wolfgang lebt.« Und auf meine Frage, »Welcher Wolfgang?«, fügte sie hinzu: «Unser Vater!«

Es dauerte Wochen, ehe Ursel den Mut fand, den Mann anzurufen, der sie durch 20 Jahre in Träumen und Erzählungen begleitet hatte. Es bedurfte Bärbels Hartnäckigkeit und ungestillter Neugier auf den Vater, um Ursel dazu zu bringen, mit ihr zum nächstgelegenen Postamt zu gehen und das Stuttgarter Telefonbuch durchzublättern. Da stand sein Name, dort lebte er, der ein unwirkliches Leben auch in unserer Familie gehabt hat. Von dem jeder von uns ein anderes Bild hatte. Ein labiler Taugenichts war er für meine Großmutter; ein sensibler, mitfühlender Geliebter für Ursel; ein Künstler und mutiger Deserteur der Naziwehrmacht für mich, und lange eine Lichtgestalt für Bärbel. Aus all diesen Bildern haben wir ihn zusammengesetzt in unseren Gedanken, ihn in unserem Gedächtnis bewahrt. Manchmal sahen wir ihn unter den Lebenden, meist unter den Millionen Toten. Er war wie ein Vermächtnis, das Ursel abverlangte, jeden, der sich ihr näherte, an ihm zu messen. Keiner war darunter, der seine Größe erreichen konnte. Und nun auf einmal kam da ein lebendiger Mensch ins Bild, an dem wir unsere Traumgestalt messen sollten.

Überschwänglich, weil sie nicht glauben mochte, was Norah von Max Heye und seiner unterkühlten Beziehung zu seinem Sohn berichtet hatte, hatte Bärbel dem wieder gefundenen Großvater einen Brief geschrieben. Die Antwort sandte dieser nicht an sie, sondern an Ursel. Max Heye erklärt darin unumwunden, dass ihm an einer Verbindung mit Kindern seines Sohnes nicht gelegen sei. Er unterstellte in dem Antwortbrief an Ursel zudem, dass die Tochter, offensichtlich in der Absicht, sein Herz zu »rühren«, seiner Vermutung nach von der Mutter angestiftet worden sei und sie es vermutlich auf Geld abgesehen habe. Er wolle weder etwas mit seinem Sohn, noch mit dessen Kindern zu tun haben. Er verbitte sich daher weitere Annäherungsversuche. Bärbel, deren Sehnsucht nach einer richtigen Familie nie wirklich gestillt war, und die wohl vor allem deshalb mit knapp 18 Jahren geheiratet hatte, weil sie für sich als Frau und Mutter das erwerben und leben wollte, was ihr als Tochter immer verwehrt blieb, war entsetzt und tief verletzt, dass ihre Motive so missdeutet werden konnten. Bis heute schmerzt sie diese Zurückweisung.

Auch dieses Zwischenspiel mag mit ein Grund dafür gewesen sein, dass es bis in den Herbst 1963 dauerte, bis wir endlich zu dritt in einem Zug saßen, um nach Stuttgart zu fahren. Es wurde eine lange Zugfahrt, die wir meist schweigend, nervös und gedankenverloren verbrachten. Und selbst Bärbel ließ erkennen, mit welch zunehmender Beklemmung sie sich auf den späten Weg zu einem unbekannten Vater machte. Während ich in Gedanken Ursel in den Zug zurückhole, der uns die lange Strecke von Mainz nach Stuttgart bringen sollte, sehe ich sie wieder vor mir, den Kopf seitlich gebeugt, an die Kopfstütze des gepolsterten Sitzes gelehnt, durch das Fenster in einen frühherbstlichen Tag blickend, in sich gekehrt, ohne wirklichen Kontakt zur Außenwelt, in Erinnerungen versunken. Ursel und Wolfgang hießen diese Erinnerungen.

Wir wussten damals nicht wirklich, auf was wir uns mit diesem Besuch einließen, was uns den Vater hätte näher bringen können. Wir fuhren einer Begegnung entgegen, von der wir nicht wussten, dass sie auf seltsame Weise vergeudet sein würde. Natürlich hatten wir unsere Fragen, vor allem: Hat er nach uns gesucht? Was für einen Menschen würden wir treffen? Ob er noch etwas mit dem Wolfgang zu tun haben würde, den uns Ursel in unsere Erinnerungen gepackt hatte?

Die Frage nach dem Drama zwischen Vater und Sohn Heye war weit hinten in unserem imaginären Zettelkasten. Obwohl die Beziehung zu seinem Vater nach der Trennung seiner Eltern wohl nie sehr intensiv gewesen sein mochte, hat es Wolfgang nach Stuttgart gezogen, sicher, weil sein Vater dort lebte. Doch der hatte zwischen ihnen eine unüberwindliche Mauer errichtet. Wolfgang muss bei seiner Ankunft nach der Kriegsgefangenschaft ein Bild des Elends abgegeben haben. Alle Zähne hatte er eingebüßt. Die Fortsetzung seiner vor dem Krieg so vielversprechend begonnenen Sängerkarriere war unvorstellbar geworden. Immerhin kam er auf eigenen Beinen an, war jedenfalls äußerlich einigermaßen heil. Und dennoch, nach zwei Jahren Straflager, vorgesehen als gefälliges Futter für den vorrückenden Feind, zum Abschuss freigegeben – niemand kann wirklich unversehrt bleiben nach dieser Erfahrung. Wie viele seiner Kameraden, die als Politische oder Kriminelle, mit welchem denkbaren Schicksal auch immer, an seine Seite gestellt waren, mag er tot hinter sich gelassen haben? Und in Stuttgart kein Mensch, mit dem er hätte reden können. Jedenfalls nicht mit seinem Vater, der ihn wegstieß wie einen unbequemen Schuh, der nur drückt.

Wolfgang Heye hatte den Krieg überlebt, aber zu welchem

Preis. Als ich ihn dann sah, hatte er wenig von dem, was ich als Bild von ihm mitgebracht hatte. Körperlich kleiner als in meiner Vorstellung, schütteres Haar, immer noch zahnlos, leicht füllig, mit müden Augen, so stand er in der Tür seiner Wohnung, die ich nur noch atmosphärisch in Erinnerung habe. Sie war wohnlich, gemütlich und einladend. Das war er also. Zwischen ihm und uns standen sein und unser Leben, die so wenig miteinander zu tun hatten. Seine Stimme war angenehm, ein freundlicher Fremder, von dem ich nun sagen musste, er ist mein Vater.

Wenn ich heute in den Archiven nach Spuren suche, das Internet befrage, erhalte ich reichlich Auskunft über den jovial wirkenden Max Heye, der keinen Schlips, dafür aber immer eine Fliege trug, der mit vielen Titeln im Rundfunkarchiv aufzufinden ist. Mein Großvater, ein Mann, dessen Selbstliebe jedes andere Gefühl erstickt haben muss. Wie viel von ihm war auch in meinem Vater? Seine zweite Frau, Ilse, zeichnet das Bild des Menschen Wolfgang Heye, das sich in vielem mit Ursels Erzählungen und Erinnerungen deckt. Vielleicht war der auf dem kulturellen Parkett so erfolgreiche Vater Max ihm ja ein Vorbild; aber diese beiden Heyes hatten nichts miteinander gemein.

Wir saßen zusammen, erstmals nach 1942, in Stuttgart, wo die Erinnerungen an Max Heye dokumentiert und aufbewahrt sind. Über meinen Vater gibt es nichts außer in den Archiven der Kriegsgerichte. Er hatte nicht die Chance des langen Anlaufs, den sein Vater nehmen konnte, um als Künstler Spuren zu hinterlassen. Wolfgang Heyes Karriere währte nur zwei Jahre, dann verstellte Hitler-Deutschland ihm den Weg. 1942 endete das Leben, das er gewollt hatte. Kein Happy End.

Das Leben, das er leben musste, hielt für ihn nichts bereit, was ihm hätte Erfüllung bringen können. Wie geht man damit um, wenn man gelebt wird, ohne eigene Authentizität? Ist jeder

Strohhalm recht? Was bedeuten da schon die schmalen Hinweise meiner Großmutter, für die Desertion nur eine Art »Drückebergerei« war. »Der hatte doch was mit einer Zahnärztin«, fügte sie dann hinzu, um mitzuteilen, wo seine letzte Verhaftung stattgefunden hatte. War es in Posen, wie Großmutter glaubte? Egal. Egal auch, was am Ende sein Motiv war, nicht mitzumachen. Er wollte nur weg, mit diesem Krieg nichts zu tun haben, raus aus dieser Uniform. Eher eine überstürzte Flucht als sorgsam geplantes Vorhaben. Und dann war es auch noch vergeblich. Die Feldpolizei hat ihn abgeholt und verhaftet. Seine Motive interessierten niemanden. In Untersuchungshaft erwartete ihn ein Schicksal, das er mit anderen teilte. Das Gefängnis in Wilna, die Aburteilung, das Straflager. Die Chance zu überleben, war eins zu neunundneunzig. Und wenn überleben, dann nach einem Martyrium, das sich kaum unterschieden haben dürfte, von dem, was die von Schlamm, Schnee und Eiseskälte gequälten Landser im Kessel von Stalingrad erwartete. Im Massengrab dieses Schlachtfeldes zu landen, das war die Perspektive. Die munteren Soldatenlieder, die damals gesungen wurden, sind eben nur das blöde Dementi einer schrecklichen Wirklichkeit.

Wolfgang erzählte uns damals, 1963 beim Treffen in Stuttgart, dass er gleich nach seiner Rückkehr aus der Gefangenschaft nach uns gesucht habe. Suchmeldungen gab es unzählige. Und als er endlich vom Roten Kreuz eine Antwort bekam, glaubte er, über eine schreckliche Gewissheit zu verfügen. Untergegangen mit der »Gustloff« an jenem schwarzen Tag in der Ostsee mit vielen tausend anderen. Und später, als wir uns noch einmal in Mainz trafen und eine halbe Nacht miteinander reden konnten, hat er mir von seinen Albträumen erzählt. Von diesen schrecklichen Nächten, in denen er die Torpedos kommen sah, die das Schiff aufschlitzten und versinken ließen, die Menschen ertrinkend in der eisigen Ostsee, mit ihnen seine

Frau und seine schreienden Kinder. Und er erzählte, dass er meine Schwester und mich, so wie er uns das letzte Mal in Danzig gesehen und in Erinnerung behalten hatte, zwei und drei Jahre alt, hilflos im Wasser treiben sah. Mit urplötzlich ganz alten Gesichtern hätten wir ihn angesehen. Er im Rettungsboot und wir im Wasser, langsam versinkend. Und er hätte nach Ursel gesucht, sie aber nicht gefunden.

Und als er das erzählte und ihm lautlos Tränen über die Wangen liefen, wusste ich, dass er sein eigenes verschenktes und irgendwie vertanes Leben mit einbezog in die Trauer über das Unwiederbringliche, das 1942 endete und das durch keine Macht der Welt im Jahre 1963 eine Fortsetzung hätte haben können. Es war vorbei.

Vielleicht ahnte ich damals in Stuttgart etwas von dem, was sich in den Kriegs- und Nachkriegsjahren als das Leben von Wolfgang Heye ausgab. Ich kannte ihn nicht, und ich wusste nichts über seine Realität; er war für mich erst einmal nur ein Name und eine Legende. Und diese Legende war nicht mit dem Fremden in Übereinstimmung zu bringen, der uns an seiner Wohnungstür empfing und freundlich, oder ein wenig angestrengt versuchte, mit dieser auch für ihn schwierigen Situation fertig zu werden. Uns allen war der Blick verstellt darauf, wie die 20 Jahre der Trennung seit dem Urlaub 1942 gewirkt haben mussten. Die sich da sahen, sich kaum wiedererkannten, waren andere als die, die sich zwei Jahrzehnte zuvor ewige Liebe geschworen und dann Lebewohl gesagt hatten.

Natürlich liegt das auf der Hand. 20 Jahre, in denen so viel passiert, verändern den Menschen. Dennoch ist es ein Unterschied, heute – nochmals 40 Jahre später – darüber nachzudenken, oder ob man direkt davor steht und nur das sieht, was man sehen möchte. Meine Schwester und ich wollten damals in Stuttgart die Lichtgestalt unserer kindlichen Phantasie wiederfinden, die uns in all den Jahren begleitet hatte. Ursel mag es ähnlich gegangen sein. Und er? Hat er sich vor dem Treffen noch einmal im Spiegel betrachtet? Sich nachdenklich an das Gesicht erinnert, das ihm vor 20 Jahren entgegengeblickt hatte? Beide mögen mit ganz unterschiedlichen Hoffnungen in das Wiedersehen gegangen sein. Vielleicht auch mit der Hoffnung, wieder anknüpfen zu können an das, was mal war, eher aber wohl mit der realistischen Einschätzung, dass nichts für einen Neuanfang sprach.

An diesem Nachmittag, der ein wenig fremd und sperrig war, an dem so viel Ungesagtes zwischen Ursel und Wolfgang stand, so viele Fragen nicht gestellt wurden, war auf beiden Seiten Vorsicht spürbar. Es gab lange Pausen, in denen jeder für sich seinen Gedanken nachhing. Wolfgang, mein Vater, erzählte von seinen Plänen. Er wollte Kinderbücher schreiben. Später dachte ich, dass dieser Plan, der nie Wirklichkeit wurde, wohl schon lange in ihm gewesen war. So als wollte er schreibend nachholen, was er in seinem Leben nie hatte, seine Kinder, so wie er sie damals im Garten in Danzig vor sich hatte, als Zuhörer für Geschichten, die er ihnen nie hatte erzählen können. Wie oft mag er an seinem Schreibtisch gesessen haben, um Phantasie zu entwickeln für Bücher, die Kinder lesen sollten, um dann wieder abzubrechen, weil sich schreibend nichts von dem einstellte, was ihm durch den Kopf ging. Und jetzt in Stuttgart stehen zwei Erwachsene vor ihm, meine Schwester mittlerweile 23 Jahre alt, schon Mutter von zwei Kindern, und ich, ein Jahr jünger. War ihm damit klar, dass diese Bücher nie geschrieben würden?

Auch Ilse, seine zweite Frau, war an diesem Nachmittag dabei. Das Treffen war sicher auch für sie nicht einfach. Wolfgang wird ihr erzählt haben von der Zeit damals in Berlin, in Döbeln und Reichenberg. Wie oft wird er sich an diese Erinnerung geklammert haben, als seine Kraft noch nicht erloschen war, sein Leben vor ihm lag. 20 Jahre später war er angewiesen darauf, dass Ilse den Lebensunterhalt verdiente. Er war für den kleinen Haushalt zuständig. Nach der Rückkehr aus der Gefangenschaft hatte er als Vertreter gearbeitet. Es lief mehr schlecht als recht, und ich denke an mein eigenes Gastspiel als Drücker für Zeitschriftenabonnements und mein klägliches Scheitern. Eine kleine Gemeinsamkeit zwischen meinem Vater und mir. Er passte nicht zur tatkräftigen Atmosphäre des Aufbruchs in der wirtschaftlich aufblühenden westlichen Republik.

Ilse jedenfalls ging sehr liebevoll mit ihm um. Zwischen beiden war Nähe und Verständnis. Sie war Sekretärin in einem Verlag, und nicht nur diese zufällige Übereinstimmung erinnerte an Ursel. Auch ihre einfühlsame Art, mit der sie diesen Nachmittag begleitete, als sie die Pausen mit freundlichen Fragen an uns, seine groß gewordenen Kinder, überbrückte.

Und wir erzählen aus unserem Leben. Bärbel über sich und ihre Kinder und ihren Mann, der ihr bis heute zur Seite steht. Auch und gerade dann, wenn sie Anfälle tiefer Melancholie und Depression packen. Bärbel, ihre Munterkeit und ihre »bedenkenlose« Leichtigkeit, mit der sie auf Menschen zugehen konnte, wie Ursel es in ihren Erinnerungen für mich schrieb, war für mich bis zur Pubertät Wegweiser aus meiner eigenen Verschlossenheit. Und doch steckt auch in ihr wie ein Widerschein der traurigen Familiengeschichte diese Schattenseite, gegen die sie im Laufe ihres Lebens immer mehr anzukämpfen hatte. Sie war es, die zu Ilse einen festen Kontakt pflegte. Sie fuhr noch mehrfach nach Stuttgart, als ich mich schon längst wieder abgewendet hatte von der Vorstellung, einen Vater zu haben.

Es hatte nicht mehr gereicht, zwischen Vater und Sohn Fäden zu knüpfen. Das gelang etwas besser zwischen Vater und Tochter. Aber auch Bärbel schaffte es nicht, einen kontinuierlichen Kontakt zu stiften, und sei es auch nur aus der Ferne. Erst heute, da ich mich in diese Erinnerung vertiefe und mit den neuen Erkenntnissen, die ich jetzt vor allem über Max Heye und seinen verhängnisvollen Einfluss auf das Leben des Sohnes gewonnen habe, erst jetzt kommt mir Wolfgang Heye näher. Mir ist klar geworden, was den endgültigen Bruch zwischen Max Heye und seinem Sohn Wolfgang ausgelöst hat. Und erst damit habe ich ihn mir zugeeignet und an einen Platz in meinem Leben stellen können. Dieses endgültige Zerwürfnis zwischen Wolfgang und seinem Vater war meiner Schwester und mir ein großes Rätsel geblieben. Nach der Lektüre des vergilbten Artikels aus dem Archiv der *Stuttgarter Zeitung* war ich sicher, das Rätsel gelöst zu haben.

Bärbel, die viel Energie daran setzte, ihrem Vater nahe zu kommen, war es dann auch, die den tatsächlich noch einmal zwischen beiden Frauen schwankend werdenden Mann zur Ordnung rief. Dabei ging es ihr vor allem um Ursel, die sie schützen wollte vor einem weiteren traurigen Kapitel ihrer unvollendeten Liebesgeschichte mit Wolfgang. Damit aber war zugleich auch Ilse gemeint, der eine schmerzvolle Erfahrung erspart bleiben sollte. Wolfgang Heye hat schließlich den Kontakt zu seiner verloren geglaubten Familie nicht wirklich aufrechterhalten wollen. In meinem Bücherschrank habe ich zwei Bände über französische Geschichte, die er mir schenkte mit dem etwas großspurigen Hinweis, dies sei der Anfang einer Bibliothek, zu der er seinen Beitrag liefern werde. Es blieb bei den zwei Bänden.

Und dann erreichte meine Schwester 1978 eine schwarz umrandete Karte. Sie kam aus Konstanz, datiert vom 3.1.1978. Ilse teilte uns seinen Tod mit. Er war schon vier Wochen zuvor, Anfang Dezember, an den Folgen einer chronischen Nierenentzündung gestorben. Ich lebte zu dieser Zeit schon lange in Bonn und war also nicht dabei, als Ursel von Wolfgangs Tod erfuhr.

Irgendwann später, bei einer unserer Reisen durch Deutschland, erzählte ich meinem väterlichen Freund Willy Brandt vom Tod meines Vaters. So saßen wir häufig im Fond des schweren Dienstwagens, der uns zu Parteitreffen oder internationalen Veranstaltungen trug, und erzählten aus unseren Leben. Ich sprach über die Geschichte, die zur Trennung unserer Familie führte, von der Zwangsscheidung meiner Mutter damals in Danzig, als die Nachricht von der Verhaftung meines Vaters ihr Leben entscheidend verändern sollte. Bei der Geschichte seiner Desertion schwieg Willy sehr lange. Dann legte er mir die Hand auf die Schulter und sagte nachdenklich: »Ihr müsst dafür sorgen, dass das nicht vergessen wird. Damit in Erinnerung bleibt, was damals geschehen ist. Dein Vater war ein mutiger Mann.« Diese Worte brachten mir zum ersten Mal meinen Vater für einen Moment an meine Seite. Als ich Ursel am Telefon davon erzähle, höre ich ihr unterdrücktes Weinen, und dann sagt sie: »Und ich war so feige.«

KAPITEL 12

Noch einmal an den Anfang

1966 erhielt Ursel die Aufforderung der Bundesversicherungsanstalt für Angestellte, ihre Rentenanwartschaft zu belegen. Das gelang ihr relativ problemlos für die Zeit nach 1945. Ihr Leben davor allerdings war durch Krieg und Flucht nicht in Arbeitspapieren, Zeugnissen oder amtlichen Dokumenten nachzuweisen. Ihr Leben, soweit es darum ging, die Bürokratie der BfA zufrieden zu stellen, wies Lücken auf. Fünf, sechs Jahre ohne Nachweis hätten allerdings bedeutet: Ihr Berufsleben hatte offiziell nicht stattgefunden, ihre künftige Rente hätte das empfindlich geschmälert. Sie erhielt dann auch eine entsprechende Nachricht von der BfA in Berlin. Ihr Widerspruch nützte nichts, die Antwort blieb dieselbe. Also erhob sie Klage vor dem Sozialgericht Speyer.

Wenn ich heute durch die umfangreiche Korrespondenz dieses vor allem schriftlich ausgetragenen Kampfes blättere, die Prozessvollmachten, Zeugenaussagen, Widersprüche gegen Bescheide und eidesstattliche Versicherungen lese, wirkt die bürokratische, sich hinter Vorschriften verschanzende Unerbittlichkeit nach, mit der diese Auseinandersetzung geführt wurde. Sichtbar werden aber auch ihre auf amtlichen und nichtamtlichen beschriebenen Papieren vielen Schichten ihres Lebens, das – wenn auch ungewollt – verstrickt war und blieb mit diesen zwölf Jahren nach der Machtübergabe an Hitler. Da sie ohne Belege keine Chance auf Anerkennung ihrer Berufsjahre hatte, suchte Ursel nach Zeugen, die bestätigen würden, dass sie als Angestellte für das Reichspropaganda-Amt, Außenstelle Danzig, gearbeitet hatte. Es blieb nicht aus, dass es sich dabei um Zeugen handelte, die damals in amtlicher Eigenschaft in Danzig tätig waren. Hätten noch mehr überlebt, hätte sie eine ganze Phalanx ehemaliger NS-Größen, die damals Ursels Vorgesetzte waren, vor das Sozialgericht Speyer bestellt.

Über neun Jahre zog sich dieser Papierkrieg hin. Er fiel in die Zeit, in der der anschwellende Protestgesang einer Generation von Studenten und Schülern die konsternierten Eltern und Großeltern überraschte. Es begann die große Befragung der schweigenden Väter und Großväter. Es begann die Entrümpelung der Republik der Nachkriegszeit. Unter anderem der Auschwitz-Prozess hatte die Lunte gelegt an die Fassade der Wirtschaftswunderrepublik, in der sich so viele schon gemütlich eingerichtet hatten, die möglichst nicht erinnert werden wollten. Die ganze Verheerung wurde deutlich, der zivilisatorische Bruch, der mit Auschwitz einen Namen erhielt, wurde sichtbar. Mehr als 20 Jahre nach Kriegsende wurde es ernst mit der Bearbeitung der Vergangenheit. Es wurde gefragt, bis erste Antworten kamen. Das »Nie wieder« hatte endlich Belang.

Ursel verfolgte diese Entwicklung mit größter Neugier und unverhohlener Sympathie, erst recht, als sich die Proteste zunehmend mit dem Vietnamkrieg zu beschäftigen begannen. In Berlin gingen die jungen Leute ebenso entschlossen auf die Straße wie in Rom, London und Paris, und in den USA verbrannten Studenten ihre Wehrpässe. Welch ein Gleichklang hallte vom Campus in Berkeley, Kalifornien, von Boston oder New York nach Berlin und traf dort auf die gleichen oder ähnlichen Empfindungen. Das waren transatlantische Beziehungen der besonderen Art. Von dort drangen die Strategien des Widerstandes nach Europa und wurden übernommen. Teach-in und Sit-in gehörten bald zum Repertoire einer rebellischen

Jugend. Manches Spruchband machte Geschichte wie jenes, das im Audimax der Uni Hamburg im November 1967 entrollt wurde, als das Semester wie schon immer mit professoralem Gepränge eröffnet werden sollte: »Unter den Talaren, Muff von Tausend Jahren.«

In diese Zeit fiel ihr zäher Kampf, an dessen siegreichem Ende eine kleine Rente stand. Es war ihr Leben, das da verhandelt wurde, und sie hatte sich weder subjektiv noch objektiv etwas vorzuwerfen. Sie war in diese Zeit des absoluten Niedergangs Deutschlands hineingeworfen worden und hatte nun damit umzugehen. Auf der Suche nach einem glaubhaften Zeugen erinnerte sie sich an Wolfgang Diewerge, der ihr schon gut zehn Jahre zuvor mit einer eidesstattlichen Versicherung beigesprungen war, als es um den Status eines politischen Flüchtlings aus der DDR gegangen war. Wolfgang Diewerge, ein Name, den sie auch in ihrer späten Post an mich erwähnte. Er war es, der ermöglicht hatte, dass sie ihren Vater zu den Vernehmungen durch die Gestapo begleiten konnte, bevor ihm der Prozess gemacht wurde.

Der Zufall will es, dass ich gerade das Buch des Historikers Heinrich August Winkler lese, der über Deutschlands »langen Weg nach Westen« zwei dickleibige Bände verfasst hat. Dort erfahre ich, dass Diewerge zu Beginn der 50er Jahre schon oder erneut von sich reden gemacht hatte. Winkler beschreibt den Versuch einer Fronde der Unbelehrbaren, die nordrhein-westfälische FDP von rechts zu unterwandern: »Schlüsselrollen spielten dabei der Staatssekretär des Reichspropagandaministeriums Werner Naumann, sein Mitarbeiter, SS-Standartenführer Wolfgang Diewerge, der Hamburger Gauleiter Karl Kaufmann, der Mühlheimer Industrielle Hugo Stinnes jr., der Landtagsabgeordnete Ernst Achenbach, der während des Zweiten Weltkrieges an der Pariser Botschaft maßgeblichen Anteil an der Deportation französischer Juden gehabt hatte, und der in Achenbachs Anwaltskanzlei beschäftigte Werner Best, einst SS-Obergruppenführer, Justitiar der Gestapo und deutscher Generalbevollmächtigter in Dänemark, nunmehr die treibende Kraft einer Generalamnestie.«

Der unbelehrbare Diewerge als Kronzeuge für Ursels Wirken in Danzig. Was mag der Sachbearbeiter in der Bundesversicherungsanstalt für Angestellte in Berlin angesichts dieses Vorgangs auf seinem Schreibtisch gedacht haben? Oder der Richter am Sozialgericht? Vielleicht hatten sie den Eindruck, dass hier eine Seilschaft von Kumpanen aus dem Propagandaapparat von Joseph Goebbels ihnen einen Bären aufbinden wollte. Schließlich gab es genug Fälle, wo sich Altnazis erhebliche Renten erschlichen hatten. Durchaus denkbar, dass die Bearbeiter der Rentensache Ursula Heye, vor ihrem Fenster die aufrührerischen Studenten, die endlich zu wissen begehrten, wer damals Schuld auf sich geladen hatte, auch Ursel längst in die braune Ablage verfrachtet hatten.

Wolfgang Diewerge, der letzte lebende Zeuge für Ursels Kampf um ihre Rente. Der ehemalige SS-Standartenführer schreibt 1951, sechs Jahre nach Ende des Krieges, folgende Bescheinigung:

»Als früherer Leiter des Reichspropaganda-Amtes des Reichsgaues Danzig –Westpreußen, Danzig Dominikswall 5, bescheinige ich Frau Ursula Heye, geb. Engler, geb. 14.3.13 in Lübeck, jetzt wohnhaft Mainz, Josefstraße 19, daß sie von April 1940 bis März 1945 im Reichspropaganda-Amt Danzig-Westpreußen tätig war.

Frau Heye hat zunächst von April 1940 bis September 1941 im Pressereferat als Sekretärin gearbeitet. Als dann im Laufe des Krieges die Aufgabe der Truppenbetreuung immer wichtiger wurde, hat Frau Heye im Rahmen dieses Referats von September 1941 bis März 1945 gearbeitet. Sie war weitgehend selbständig tätig und hat die ihr übertragenen Aufgaben mit großer Umsicht, Initiative und Verantwortungsbewußtsein ausgefüllt.

Zu ihren Aufgaben gehörten die Betreuung der Verwundeten bei den verschiedenen Wehrmachtseinheiten sowie die Organisation der im Rahmen der Truppenbetreuung vorgesehenen künstlerischen Veranstaltungen. Sie war ebenfalls für die kulturelle Versorgung der in Danzig und Gotenhafen liegenden Einheiten der U-Boot-Waffe zuständig. Die regelmäßig im Sitz des Generalkommandos durchgeführten Erholungskurse und Führungen fielen ebenfalls in den Bereich des Referats, das sich auf die kulturelle Fürsorge für die in Danzig eingesetzten Fremdarbeiter erstreckte.

Bei dieser vielfältigen Beschäftigung hat Frau Heye stets ohne Berücksichtigung der Dienstzeit das Wohl der ihr anvertrauten Verwundeten und erholungsbedürftigen Soldaten in den Vordergrund ihres Interesses gestellt. Auch als gegen Ende des Krieges die Verhältnisse in Danzig schwierig wurden und eine unmittelbare Bedrohung des Raumes sich abzeichnete, hat Frau Heye bis zur amtlich angeordneten Evakuierung ihre Pflicht erfüllt.

Im persönlichen Umgang hat sie durch ihr kameradschaftliches Verhalten und ihre frische und natürliche Art viele Sympathien erworben und erfreute sich durch ihr kameradschaftliches Verhalten auch bei den Dienststellen der Wehrmacht und des Staates allgemeiner Beliebtheit.« Unterschrift Wolfgang Diewerge.

Als 15 Jahre später sich nunmehr das Sozialgericht Speyer mit dem Leben Ursels beschäftigte und den Zeugen Diewerge erneut aufrief, ergänzte er schriftlich seine alte Aussage. Er sagte aus, im Sommer 1939 von der Auslandsabteilung des Propagandaministeriums in Berlin als Intendant des dortigen Senders nach Danzig versetzt worden zu sein. Und dann: »Nach Eingliederung Danzigs in das Reich« habe er im September/Oktober 1939 den Auftrag zur Bildung des Reichspropaganda-Amtes in Danzig erhalten. Über Ursel gerät die Aussage eher vage: Er wisse zwar nichts Genaues über das Beschäftigungsverhältnis der Klägerin, dagegen erinnere er sich noch gut an »die Zeit der Evakuierung und der Flucht zur Zeit der russischen Winteroffensive ab Dezember 1944. In diesem Zusammenhang habe ich die Klägerin oft gesehen, wie sie sich bei der Evakuierung stark eingesetzt hat.« Über eine Beitragsentrichtung zur Sozialversicherung könne er leider keine Angaben machen.

Das aber war das Einzige, was die Richter am Sozialgericht Speyer zur Klärung des Falles interessierte. Als Zeuge war Diewerge ein Reinfall. Dennoch interessant, wie genau er die Sprachregelung der Nazis beibehalten hatte. Es ist wie ein eingeschliffener Reflex, wenn er schreibt »nach Eingliederung Danzigs in das Reich«. Dahinter verbirgt sich der Geschützdonner des Überfalls auf Polen, der Beginn des Zweiten Weltkrieges mit unermesslichen Opfern und die Einverleibung der Reichsfreien Hansestadt Danzig in das Reich, das sechs Jahre später unterging. Bis in die Sprache hinein haben sich Verdrängung und Kriegslüge gehalten. Diese Haltung, die in unterschiedlicher Ausprägung den Vätern und Großvätern anhaftete, hatte dazu geführt, dass die Entfremdung zwischen den Generationen wuchs und Misstrauen wie ein Krebsgeschwür wucherte. Der innere Druck in der Gesellschaft brach sich Bahn. Überall in Europa, im Westen wie im Osten, war eine Atmosphäre des Aufbruchs entstanden, der Angriff auf die Lebenslügen war allgemein. Nie wieder habe ich Ursel so aufmerksam erlebt wie damals, als die Demokratie in Deutschland zum Ernstfall wurde. Nie wieder hat sie die Debatten mit der gleichen Leidenschaft verfolgt wie zu dieser Zeit.

Der dritte Weg zwischen Kapitalismus und einem Sozialismus stalinistischer Prägung schien auf einmal möglich, ein Sozialismus mit menschlichem Antlitz eine realistische Option. Als die Truppen des Warschauer Paktes 1968 den Prager Frühling niederwalzten und der tschechische Reformer Alexander Dubček samt Politbüro verhaftet und in die Sowjetunion gebracht wurde, wollten die Studenten in Westeuropa seine Fackel weitertragen. Während in Osteuropa dem Frühling ohne Übergang der Winter folgte, war in Westeuropa, speziell in Westdeutschland, ein neues gesellschaftliches Klima weiter spürbar, wenn auch mit vielen Widersprüchen und heftigen Ausschlägen. Den Beginn markierte nicht zum ersten Mal eine tödliche Kugel: Es war eine Polizeikugel, die den Studenten Benno Ohnesorg tötete, 1967 in Berlin am Rande der Demonstrationen gegen den Besuch des Schahs von Persien. Rudi Dutschke, der Wortführer des studentischen Protestes, wurde ebenfalls Opfer eines Anschlags, den er knapp überlebte. Er war dem Hass der Boulevardpresse ausgesetzt, die zugleich Krokodilstränen vergoss über den armen Dubček.

Die Adenauer-Ära war damit endgültig vorüber. 1969 fand in der Bundesrepublik der erste demokratisch vollzogene Machtwechsel statt. Der Großen Koalition zwischen CDU und SPD folgte der Kanzlerwechsel von Kurt Georg Kiesinger (CDU) zu Willy Brandt. Er, der Moderator einer wirklichen Demokratisierung der Bundesrepublik, trug zugleich dazu bei, den Antagonismus zwischen links und rechts, Jung und Alt abzumildern.

Zu dieser Zeit war mein Kontakt zu meiner Mutter längst auf Telefongespräche und gelegentliche Besuche geschrumpft. Ich arbeitete damals als Parlamentskorrespondent in Bonn, und sie fragte mich am Telefon aus über das, was in der Bundeshauptstadt anstand an politischer Veränderung. Die Ostpolitik, heiß umkämpft und bekämpft von der politischen Rechten und großen Teilen der Medien, war immer auch Gegenstand unserer Gespräche. Und sie berichtete über den jeweiligen Stand ihrer Rentensache. Sie klagte über den »Gedächtnisverlust« von Diewerge. Andere Zeugen seien leider nicht aufzutreiben, entweder seien sie nicht auffindbar oder schon tot. Sie war es langsam leid, immer wieder und erneut Beweise erbringen zu müssen, die doch nicht mehr vorhanden waren. Eine Antwort des Koblenzer Bundesarchivs empfand sie als großen Witz: Auch dort waren zwar keine Akten aus Danzig vorhanden, dafür kam eine wohlmeinende Nachfrage. Ob Ursel eine Kriegsverdienstmedaille oder ähnliche Auszeichnungen erhalten habe? Dann könnten Recherchen noch einmal aufgenommen werden und vielleicht etwas zu Tage fördern. Kriegsauszeichnungen? Fehlanzeige: »Dafür habe ich einen Deserteur in der Familie.«

In ihrem Nachlass finde ich diese Korrespondenz wieder, alles sauber abgeheftet. Darunter ein Schreiben an den Petitionsausschuss des Bundestages in Bonn, und ich erinnere mich wieder, dass ich damals einige mir bekannte Abgeordnete im Ausschuss gebeten habe, sich doch der Rentensache meiner Mutter anzunehmen. In den Unterlagen finde ich auch eine wunderbare, sagenhaft korrekte Rechtsbelehrung der Sozialrichter aus Speyer. Und langsam wächst die Einsicht, dass deren Bild von der Klägerin Ursula Heye, die irgendwie verstrickt war mit diesen Nazis, und mein Bild und meine Erfahrungen mit ihr nicht in Einklang zu bringen sind. In der Rechtsbelehrung heißt es hölzern und von einem Juristen formuliert, der offenbar eine nicht geringe Freude daran hatte, dieser »Nazi-Tussi« kräftig in die Parade zu fahren:

»Was unter Glaubhaftmachung zu verstehen ist, geht aus § 4 des Fremdrentengesetzes (FRG) hervor. Danach genügt weder die Möglichkeit, daß die gemachten Angaben zutreffen, noch die einfache Wahrscheinlichkeit des dargestellten Sachverhalts, sondern allein die überwiegende Wahrscheinlichkeit. Verbleibende Zweifel wirken sich zu Lasten des Klägers aus, da nach dem in der Sozialgerichtsbarkeit geltenden Grundsatz der objektiven Beweislast die Folgen daraus, daß eine Tatsache nicht oder nicht vollständig festgestellt werden kann, von dem Beteiligten zu tragen sind, der aus dieser Tatsache Rechte herleiten will (Bundessozialgericht – BSG –E Bd. 14 Seite 94).«

Wer das ein paarmal gelesen hat, wird nicht darum herumkommen festzustellen, dass Wolfgang Diewerges verschwommene Aussage vor dem Sozialgericht zur »überwiegenden Wahrscheinlichkeit« des von Ursel vorgetragenen Sachverhalts nur wenig beigetragen hatte. Ursel jedenfalls hoffte jetzt auf die Hilfe des Petitionsausschusses.

Die erste Hälfte der 70er Jahre gehört zur spannendsten Epoche der immer noch jungen Bundesrepublik. »Dieser Barzel«, schimpfte Ursel am Telefon, »den kann ich nicht ausstehen.« Rainer Barzel war damals Vorsitzender der CDU/CSU-Bundestagsfraktion und Gegenspieler Willy Brandts, als es um die Ratifizierung der Ostverträge und die Anerkennung der Oder-Neiße-Linie als Polens Westgrenze ging. Die Mehrheit der Koalition aus SPD und FDP schrumpfte, und es schien der Opposition zu gelingen, mit Hilfe von Überläufern aus SPD und FDP die Mehrheit im Bundestag zu kippen und Brandt als Kanzler abzuwählen. Die Radio- und Fernsehübertragungen dieser Zeit waren Straßenfeger. Die entscheidende Abstimmung ging dann doch schief für den Herausforderer Barzel, der sich schon als Kanzler einer Mehrheitsfraktion aus CDU und CSU gesehen hatte. Und ich hatte abwechselnd Ursel und meine Schwester am Telefon und musste ganz genau berichten. Das war 1972.

Am 7. Mai 1974 trat Willy Brandt als Kanzler der Bundesrepublik Deutschland zurück. Zu der Zeit hätte ich eigentlich im Redenschreiberkontor des Kanzleramtes arbeiten sollen. Die

Einstellung hatte sich aber aus mir damals nicht bekannten Gründen verzögert, und so wurde ich an einem Schreibtisch im Erich-Ollenhauer-Haus geparkt, das im Bonner Jargon die »Baracke« war, bis die formelle Anstellung im Bundeskanzleramt vollzogen sein würde. Es kam nie dazu. Den Grund dafür hatte ich schon kennen gelernt: Günter Guillaume. Später hörte ich, dass das Bundesamt für Verfassungsschutz zu jener Zeit jede Neueinstellung im Kanzleramt untersagt hatte, bis zur endgültigen Enttarnung des bis zum Referenten für Partei- und Gewerkschaftskontakte aufgestiegenen Spitzenagenten der DDR.

Ich hatte Ursel von Guillaume erzählt, der als Juso-Fresser und rechter Parteisoldat auftrat und unter anderem den Kontakt zur rechten Fraktionsriege in der SPD hielt, die sich selber den Namen »Kanalarbeiter« gegeben hatte. Am Telefon beschrieb ich meiner Mutter die erste, fast private Begegnung mit dem Ehepaar Guillaume. Ich wurde an der Haustür von Christel Guillaume empfangen und musste als Erstes die Schuhe ausziehen und in Filzlatschen schlüpfen, die wie zur Parade ausgerichtet in verschiedenen Größen auf dem Treppenabsatz vor der Wohnungstür abgelegt waren. Es roch nach Bohnerwachs und Kölnisch Wasser. Wo auch immer ich auf diesen Geruch aus der Kölner Glockengasse stoße, ob in Restaurants, im Kaufhaus oder in der Straßenbahn, muss ich an Christel Guillaume denken. Der Teppich lag schräg, die Fransen gekämmt. Gelsenkirchener Barock, schwere Möbel, auf den Armlehnen der Sessel bestickte Schoner, auf dem Sofa bestickte Kissen. Alle mit einem scharfen Knick versehen, der immer mal von Christel mit beiläufigem Handkantenschlag erneuert wurde. Dann kam Günter, ebenfalls in Filzlatschen. Er sollte Willy und Rut Brandt auf einen kurzen Urlaub nach Norwegen begleiten, und ich hatte ihm den Antwortentwurf eines Interviews zu übergeben. Der Kanzler sollte ihn durchsehen, und Guillaume sollte mir das Interview dann von Norwegen, wo Rut und

Willy ein Ferienhaus besaßen, per Kurierpost nach Bonn zurückschicken. Wenn ich mir heute diese Szene vor Augen führe, diese perfekte, kleinbürgerliche Spitzendeckenidylle, dann verweben sich die Guillaumes mit genau dieser Ästhetik. Sie kamen mir genauso vor wie ihr Wohnzimmer. Agent? Der? Die?

Das Vertrackte und Schizophrene an Guillaume und seiner Beziehung zu Brandt lag darin, dass er ein Leben als ein Spion wider Willen zu führen schien. Er hatte zwei Loyalitäten, und es ist durchaus ungewiss, welche für ihn selbst überwog. Für mich, der ich vielfach Gelegenheit hatte, dieses merkwürdige Gespann zu beobachten, war eindeutig, dass seine Loyalität zu Brandt, diese vielen Äußerungen unabweisbarer Bewunderung für »seinen« Vorsitzenden und Kanzler nicht gespielt waren. Er hatte zu Brandt eine tiefe Sympathie, wenn nicht Liebe. Und so mag er selbst sein Leben in diesem Zwiespalt der Loyalitäten zur DDR und zu Brandt als einen fortdauernden Albtraum erlebt haben. Hätte man ihm Gelegenheit gegeben, sich zu offenbaren, wäre es durchaus nicht ausgeschlossen gewesen, dass er fahnenflüchtig geworden wäre. Doch dazu hätte es bei der westdeutschen Spionageabwehr einer tieferen Kenntnis seiner Persönlichkeit bedurft. So blieb er, was er war, ein passgenauer Dunkelmann im Niemandsland der bipolaren Welt, hineingestoßen in ein böses Spiel, dessen Regeln er nur zu gut kannte.

Über diese maßgeschneidert unauffällige Figur stürzte der Bundeskanzler Willy Brandt. Als Brandt am 7. Mai 1974 zurücktrat, hatte ich eine weinende Ursel am Telefon, die genau wusste, »dass da der Wehner (damals SPD-Fraktionsvorsitzender) seine Hand im Spiel hatte«. Und ich berichtete ihr von einem wehmütigen Spaziergang mit dem damaligen SPD-Geschäftsführer Holger Börner. Es war der Abend vor dem Rücktritt. Er hatte mich vom Kanzleramt aus angerufen, wo er in einer langen Unterredung versucht hatte, Brandt von diesem Schritt abzuhalten. Er habe wirklich alles versucht, aber Willy sei nicht umzustimmen gewesen, erzählte er auf diesem kurzen Spaziergang durch den Park des Kanzleramtes. Es war eine milde Nacht, und wir rätselten darüber, wie dies der Partei erklärt werden sollte.

Für mich hatte die Zusammenarbeit mit Willy Brandt gerade erst angefangen. Er war als Kanzler zurückgetreten, doch er blieb Parteivorsitzender der SPD, und deshalb fragte er mich, ob ich auch unter diesen veränderten Bedingungen für ihn arbeiten wolle. Und so wurde mein Schreibtisch in der »Baracke«, der nur als Zwischenlösung bis zur Einstellung im Kanzleramt gedacht gewesen war, für vier Jahre mein Arbeitsplatz.

Willy Brandt war für meine Generation wie ein Leuchtturm des anderen Deutschland. Einer, dessen Lebensgeschichte ein Beispiel dafür war, dass es selbst in den düstersten Augenblicken der jüngeren deutschen Geschichte Männer und Frauen gab, die sich nicht fügten. Sein Widerstand gegen den Nazistaat, sein aufrechter Gang machten ihn für uns zu einer Leitfigur, ihm trauten und vertrauten wir. Für ihn zu arbeiten, habe ich immer als Auszeichnung verstanden. Erst recht, nachdem er für seine Aussöhnungspolitik mit der Sowjetunion und Polen den Friedensnobelpreis empfangen konnte. Ihn auf Auslandsreisen zu begleiten und zu spüren, wie viel neues Vertrauen er für die westdeutsche Republik ansammeln konnte und wie seine Lebensleistung anerkannt und geschätzt wurde, war jedes Mal wie eine Bestätigung dafür, dass sein und mein Land eine zweite Chance hatte.

Wenn ich heute an ihn zurückdenke, kommt mir automatisch eine Begegnung aus dem sommerlichen Spätherbst 1973 in Erinnerung. Es war eine private Einladung, wir wollten eigentlich nur die letzten formellen Absprachen für meinen Wechsel aus der Redaktion der *Süddeutschen Zeitung* in das Kanzleramt besprechen. Ich fuhr zur Dienstvilla der Brandt-Familie auf den Venusberg. Als ich klingelte, öffnete Rut Brandt die Tür. Zwei warme, sehr freundliche blaue Augen blickten mich an, ein herzhaftes Lachen, und sofort war ich eingehüllt in eine skandinavische Gastfreundschaft. Rut, in Norwegen geboren, begrüßte mich mit den Worten: »Ah, der neue Literat für Willy-Reden.« Und dann: »Uwe, kommen Sie doch herein, Willy sitzt mit Klaus Harpprecht auf der Terrasse.« Harpprecht, mit dem ich bis heute Kontakt habe, Literat, Journalist, Ghostwriter für Brandt, der auf geniale Weise dessen Visionen in Redeentwürfen auf den Punkt brachte, war zugleich ein Vertrauter und enger Berater des Kanzlers. Noch war nichts zu spüren von der dramatischen Entwicklung des kommenden Frühjahrs. Auf der Terrasse entdeckte ich noch einen Hund, wie ich ihn noch nie gesehen hatte: eine Mischung aus Basset und möglicherweise Schäferhund. Jedenfalls eine ungewöhnliche Mischung von ungewöhnlichen Ausmaßen. Er lag schnarchend im Schatten. Willy Brandt, der mein Erstaunen über diesen wuchtigen Basset-Verschnitt bemerkte, beschrieb den offenbar anstrengenden Zeugungsakt, dem dieses friedliche, völlig handzahme Ungetüm sein kurzbeiniges Leben verdankte, mit den Worten »they did it in the most usual human way«, und erntete rundum Gelächter.

An jenem sonnigen Herbstnachmittag 1973, oben auf dem Venusberg in Bonn, verbrachte ich zwei Stunden angeregten Zuhörens. Das Gespräch war eher ein Dialog zwischen Brandt und Klaus Harpprecht. Irgendwann kam der damals höchstens zwölf Jahre junge Matthias, Nesthäkchen unter den drei Brandt-Söhnen, dazu, schmuste kurz mit Rut und verschwand wieder. Nur selten war ich gefordert, den einen oder anderen Kommentar abzugeben. Die formalen Fragen einer Zusammenarbeit mit Harpprecht und anderen mit dem Schwerpunkt Parteireden waren schnell besprochen. Ich erhielt an diesem Nachmittag eine interessante Lektion zur Außenpolitik und war ziemlich beeindruckt. Wir einigten uns darauf, dass ich im

Frühjahr des Jahres 1974 meinen Dienst im Kanzleramt antreten sollte.

Es wurden vier spannende Jahre, die ich an der Seite Willy Brandts verbringen konnte, nicht im Kanzleramt, aber im Erich-Ollenhauer-Haus, der Parteizentrale der SPD. Ein Dauerkursus in angewandter Politik. Ein spannender Beobachterposten, die sozialdemokratische Troika Brandt, Helmut Schmidt und Herbert Wehner fest im Blick. Die Präsidiumssitzungen der Parteispitze damals unter dem Eindruck des Rücktritts von Brandt, dessen Umstände nie ganz geklärt wurden, ebenso wenig der Anteil, den vielleicht Helmut Schmidt, sicher aber Herbert Wehner daran hatten. Wenn die drei zusammenkamen, wortlos den Sitzungsraum des Präsidiums betraten, Willy die Tagesordnung vor sich, Helmut Schmidt, sein Nachfolger im Kanzleramt, eingerahmt von dickbauchigen Taschen, aus denen er einen Aktenvorgang nach dem anderen fischte, bis er hinter Papierbergen verschwand. Herbert Wehner, der auch nie ohne gefüllte Aktentasche erschien, in die Stieftochter Greta fürsorglich einen in Papier gewickelten Imbiss verstaut hatte, packte seine Pfeifentasche aus. Wehner musste wegen seiner Diabetes in bestimmten zeitlichen Abständen kleine Mahlzeiten zu sich nehmen. Auch er verkroch sich gern und brummelnd hinter Papieren und paffte je nach Stimmungslage große oder kleine Rauchschwaden in den Raum.

Die angespannte Atmosphäre, die diese drei Männer verbreiteten, füllte den fensterlosen, abhörsicheren Sitzungsraum, so dass kaum Luft zum Atmen blieb. Die Umstände seines Sturzes, von dem Brandt sicher glaubte, dass Wehner zumindest nichts getan hatte, um ihn zu vermeiden oder doch abzumildern, ja, dass er mutmaßlich sogar einen aktiven Anteil daran hatte, das alles stand zwischen diesen Männern. Dieser kriechende Verdacht, dass der Spion Guillaume für Wehner wie gerufen kam, um an dem Arrangement eines unvermeidlichen

Rücktritts zu arbeiten, war für Brandt eine unverrückbare Annahme, wenn nicht Gewissheit. Immer wieder grübelte er in den zeugenlosen Zwischenräumen unserer gemeinsamen Zeit und in immer wiederkehrenden identischen Wendungen darüber, warum er diesen »Verrückten« nicht spätestens nach seinen gezielten Moskauer Ausfällen und feindseligen Beleidigungen gegen ihn (»der Mann badet gerne lau«) gefeuert habe.

Das war im September 1973. Wehners Attacken wurden in den Zeitungskommentaren als das ausgelegt, was sie waren, der Versuch, Brandt aus dem Kanzleramt zu drängen und den damaligen Finanzminister Helmut Schmidt als seinen Nachfolger zu etablieren. Für viele drängte sich im Mai 1974 der Verdacht auf, dass Wehner seine Hand mit im Spiel hatte bei den haarsträubenden Anweisungen, die die Präsidenten von Bundeskriminalamt und Verfassungsschutz dem Kanzler gegeben hatten, wie er sich dem bereits enttarnten Spion gegenüber bis zu dessen Verhaftung verhalten solle. Erst dadurch hatte Guillaume im Norwegen-Urlaub überhaupt die Gelegenheit bekommen, streng geheime NATO-Unterlagen an die Staatssicherheit der DDR weiterzugeben. Die Anweisung für Brandt im Umgang mit Guillaume lautete: »Nichts verändern, alles lassen, wie es ist« – um Guillaume angeblich in Sicherheit zu wiegen.

Brandt wollte in solchen Situationen keine Antwort von mir. Aber da er sich seiner eigenen geschichtlichen Bedeutung durchaus bewusst war, glaube ich, dass er mir seine Überzeugung mitgeben wollte für einen Zeitpunkt, an dem ich als Journalist und Zeitzeuge darüber schreiben oder dazu befragt werden würde.

Wehner, das war für ihn der »Verrückte«. Eine andere Bezeichnung fand er nicht für diesen Mann, der immer wieder aus seinen Bezügen und Überzeugungen herausgerissen worden war. Alles was er Wehner gegenüber empfand, schwingt in diesem Wort mit. Beklemmung, wenn nicht sogar Furcht, jedenfalls bares Unverständnis für dessen brachiale Ausbrüche, und dennoch und zugleich ein nicht eingestandenes Quäntchen Bewunderung.

Er hat ihn nicht gefeuert, hätte dies auch gar nicht können, weil er zugleich wusste, dass der »Laden«, den er zusammenhalten wollte, dabei ganz ordentlich ramponiert worden wäre. Ein Rausschmiss Wehners hätte die Partei zutiefst getroffen und womöglich auseinander gerissen. Also hat Brandt still gelitten und manchmal laut gewütet.

Ich hatte die Ergebnisse dieser Geisterrunde, deren Teilnehmer sich zu den einzelnen Tagesordnungspunkten nicht oder nur selten äußerten, gelegentlich vielleicht zustimmend brummelten oder nickten, in Pressemitteilungen zusammenzufassen, und es war meistens ein Ritt über den Bodensee. Brandt, dem ich die Kommuniqué-Entwürfe jeweils vorlegte, hatte an meiner phantasievollen Auslegung des beredten Schweigens selten etwas auszusetzen. Manchmal bekam ich den Entwurf mit dem Hinweis zurück, »wusste gar nicht, dass die Sitzung so interessant war«.

Obwohl in der alten Arbeiterpartei üblich, konnte ich mich nicht überwinden, Willy Brandt mit Du anzureden. Wir blieben beim Sie und hatten doch eine wachsende Nähe. Je vertrauter unser Umgang wurde, umso intensiver wurden unsere Gespräche. Ich weiß noch, dass ich jede Gelegenheit nutzte, in jeden Redeentwurf eine entsprechende Passage einzubauen, die er allerdings ebenso hartnäckig wieder aus dem Manuskript strich, um auf das damals brisante Thema der so genannten »Berufsverbote« aufmerksam zu machen. Der auch als »Radikalenerlass« bekannt gewordene Sündenfall der Brandt-Ära, der innenpolitisch die Ostpolitik absichern und die westdeutsche Bundesrepublik vor kommunistischer Infiltration schützen sollte, hatte das politische Klima vergiftet und die Gesellschaft gespalten. Der Verfassungsschutz überprüfte jeden, der in den öffentlichen Dienst wollte, ob er auch mit beiden Beinen auf der »freiheitlich-demokratischen Grundordnung« der Republik stand. Die Untersuchungen hatten haarsträubende Folgen. Die Berufsverbote trafen Lehrer, Finanz- und Postbeamte. Und eine ganze Generation lief Gefahr, sich dem demokratischen Rechtsstaat zu entfremden, der ihnen mit Misstrauen und peinlichen Nachforschungen entgegentrat. Nicht nur die Jungsozialisten, sondern Studentenschaften, Lehrerverbände und liberale Gruppen, wie der linke Flügel der FDP und ihre Jugendorganisation »Jungdemokraten«, liefen Sturm gegen diesen Erlass.

Ich wollte, dass Brandt das Wort ergriff und den Fehler dieses Erlasses unter seiner Kanzlerschaft eingestand. Zwei Jahre immer neuer Diskussionen, zwei Jahre hartnäckiger Auseinandersetzung, die nicht nur ich mit ihm führte. Bis er sich endlich öffentlich äußerte und die Schnüffelpraxis verurteilte, die dem Erlass gefolgt war. Der linke Extremismus, der in den ausgehenden 70er und frühen 80er Jahren zum Terror der »Roten Armee Fraktion« geführt und den Rechtsstaat auf die Probe gestellt hatte, profitierte von eben dieser Praxis staatlicher Gesinnungsschnüffelei nicht schlecht. Und dieser Zusammenhang war es am Ende, der Willy Brandt zu seinem öffentlichen Eingeständnis brachte. Es waren vier brisante politische Jahre, die mich mit Brandt verbanden.

Ursels Verdacht, dass Herbert Wehner bei Brandts Rücktritt eine nicht unmaßgebliche Rolle gespielt haben könnte, danach habe ich Willy dann auch selbst befragt. An manchem Abend klingelte in meinem Büro im Ollenhauer-Haus das Telefon. »Uwe, Sie sind noch da?« Es war eine halbe Frage und eine Aufforderung: »Kommen Sie doch noch mal rüber.« Ich griff nach meiner Zigarettenschachtel und ging den langen Gang hinunter in sein Büro. Er war wieder einmal dabei, sich das Rauchen abzugewöhnen. Ich hielt ihm die Schachtel hin, und er zwinkerte mir zu: »Die Erste heute.« Das war unser Ritual. Bei einem Glas Rotwein fragte ich, warum er dem Drängen der engen Freunde Egon Bahr, Walter Scheel, Horst Ehmke, Klaus Harpprecht, Holger Börner, Karl Ravens nicht gefolgt sei, im Amt zu bleiben. Es entstand eine Pause, er zögerte mit der Antwort und sagte dann: »Ich hätte dann die Solidarität aller gebraucht. Aber darauf konnte ich mich nicht verlassen. Ein Abschied auf Raten wäre viel schlimmer gewesen. Wichtig war es vor allem, diesen Laden zusammenzuhalten.« Dieser Laden, das war die SPD. Und die Partei war für ihn mehr als für alle um ihn herum.

»Siehst du, ich habe es doch gewusst«, sagte Ursel, als ich ihr von dem Gespräch erzählte, »der Wehner.« Und sie erinnerte sich daran, dass sie »schnapslange Tränen geheult« habe, als »der Willy« 1969 als Bundeskanzler vereidigt wurde: »Seitdem sind wir eine richtige Demokratie.« Damit hatte sie wohl Recht, schließlich hatten die Wähler einen Regierungswechsel herbeigeführt, und die Regierungsmacht war von den Konservativen an die Sozialdemokraten gefallen. Ein Jahr später sollte sie ihm dann sogar persönlich begegnen. Brandt war zu Besuch in Mainz. Waren gerade Kommunalwahlen? Ich weiß es nicht mehr. Der legendäre damalige Mainzer Oberbürgermeister Jockel Fuchs gab einen Empfang. Ich stellte Brandt meiner Mutter vor. Und sie erzählte mir hinterher begeistert: »Wir haben bestimmt zehn Minuten miteinander gesprochen. Das ist mal ein Politiker, vor dem man keine Angst haben muss.«

Wenige Wochen später, der Petitionsausschuss des Bundestages war offenbar doch hilfreich, erhielt sie Post. Mit Datum 18. Juni 1975 wurde ihr mitgeteilt, »dass entsprechend dem vor dem Sozialgericht in Speyer – Zweigstelle Mainz – geschlossenen Vergleich, eine Anrechnung der Zeit vom 1.6.1942 bis 31.3.1945 vorgenommen wurde. Ein Versicherungsverlauf hierüber ist beigefügt.« Ihre Rente betrug 1100 DM.

Während ich diesen Rentenbescheid nachlese und die Ursel dieser Jahre wieder vor mir auftaucht, sehe ich, wie ihr Interesse an der Politik nach dem Rücktritt Brandts allmählich verlosch. Wir sahen uns nicht so oft. Und daher dauerte es eine Weile, bis ich gewahr wurde, dass sie nach und nach jegliches Interesse am Leben um sich herum verlor. Meine Schwester klagte immer häufiger darüber, dass sich Ursel aber auch für gar nichts mehr interessiere. Es war ein schleichender Prozess. Sie wandte sich von der Außenwelt ab und kroch ganz in sich hinein.

KAPITEL 13

Frau ohne Echo

Vierzehn glückliche Tage in Danzig, vom 17. bis 31. Juli 1942, oben auf dem Stolzenberg. Das kleine Haus und der große Garten, festgehalten auf Miniaturfotos, Hochglanz mit gezacktem Rand. Das Datum und die fotografischen Erinnerungen entnehme ich meinem wertvollsten Erbstück, jenem kleinen Album, DIN A 5, zehn Seiten. Auf jeder Seite drei, manchmal vier kleine Fotografien. Ursel und Wolfgang, Bärbel und ich. Eine liebevolle Erinnerung, voller Sehnsucht für Wolfgang gemacht, ihn aber nie erreichend. Zu den Fotos hat sie kleine Texte gestellt, auch Gedichtzitate, die von einer schmerzvollen Wehmut sind. Gewidmet ist diese anrührende Liebeserklärung »meinem lieben Wolfgang von seinem Ullalein«. Hier erscheint eine ganz andere Ursel. Meine Mutter habe ich später selten so verletzlich und weich kennen gelernt, diese Seite hatte sie offenbar fest unter Verschluss.

Wenn ich durch dieses Album blättere, dann wird für mich deutlich, dass und was Ursel auf ihrem Lebensweg verloren hat. Eine junge Frau ist zu sehen, die in einem schwärmerischen Glück lebt. Von einer zärtlichen Behutsamkeit und Liebessehnsucht, die sich dem Betrachter noch 60 Jahre später eindringlich vermittelt. Als ich es das erste Mal in der Hand hatte, war ich überrascht und tief berührt. Mein Bild von Ursel, geprägt in den Jahren nach der Flucht aus Danzig, in einem Alltag, der keine Idylle zulassen wollte, hatte wenig zu tun mit der Frau, die 1942 ihr Glück beschreibt und ihren Geliebten in jeder Zeile umarmt. »In Tagen voll Glück mit allen«, wie es in einer Zeile heißt.

Es gibt ein anderes Foto von Ursel. Es wurde nur wenig später aufgenommen, noch in Danzig, in demselben elterlichen Garten. Zu dieser Zeit wurde meinem Großvater der Prozess gemacht, und sie stand zugleich vor der Wahl, entweder Scheidung oder berufliches Aus. Auf jenem Bild steht sie da und zündet sich eine Zigarette an. Die Haare kurz geschnitten, ein gestreiftes sommerliches Jackett, Marlene-Dietrich-Hosen. Trotz der mangelhaften Qualität des Bildes, das mit einer einfachen Kamera geschossen wurde, ist diese Frau deutlich von der Last gezeichnet, die ihr da aufgebürdet wurde. Ihre Körpersprache verrät alles. Sie ist am Beginn eines Leidensweges, den sie bis zum Ende gehen wird. In diesen Wochen und Monaten nach dem kleinen Urlaubsglück, als sie ihre Arbeit bei der Truppenbetreuung aufzuzehren schien, als ihre Hauptnahrungsmittel Kaffee, Zigaretten und das Aufputschmittel »Pervitin« waren, begann, was am Ende zu einer Abtrennung geriet und sie zu einer anderen Ursel werden ließ, die sich von den Bildern aus dem Urlaub in Danzig verabschieden musste. Jetzt und für den Rest ihres Lebens gab es kaum mehr Platz für ihre Suche nach Zärtlichkeit und Anlehnung, nach Liebe und Wärme, sie war verantwortlich für das Überleben ihrer Familie, nicht nur der Kinder, sondern auch ihrer Eltern.

Erst in diesem verspäteten Gespräch mit meiner Mutter entdeckte ich diese andere Ursel. Meine Mutter dagegen, das war vor allem die Frau, die irgendwann am Abend nach Hause kam, erschöpft und müde, die wenig von ihrem Tag mitteilen wollte. Die in sich gekehrt am Tisch saß und die morgens als Erste das Haus verließ. Von jedem sonst in der Familie, von Großmutter und Großvater, von Bärbel oder später von Norah wusste ich mehr, alle kannte ich näher und besser als meine Mutter. Ursel, gewiss, war immer für uns da, und doch war sie zugleich ganz fern. Erst jetzt spüre ich, was sie auch war, wie sie hätte sein können. Diese Ursel kommt mir mit jeder Zeile, die ich schreibe, näher.

In dem kleinen Album, das wie ein kleiner sprießender Blumengarten entzückt, das mich nach der ersten Lektüre vor Rührung und Wehmut aufschluchzen ließ, in diesem Album gibt es vier kleine Zeilen, die wie eine Zwölfton-Dissonanz in einem Menuett von Mozart klingen:

»In der Nacht ist er gekommen.
Dunkel war um ihn und mich.
Doch nun ist sie hell entglommen,
diese Liebe, die nur schlief.«

Über diese Zeilen bin ich gestolpert. Sie passen nicht in den Gesang des Albums. Sie passen nicht in das taumelige Verschwenden dieses Augenblicks unverhüllter Zärtlichkeit. »Dunkel war um ihn und mich« – was war Dunkel und kam damals in Danzig doch wieder ans Licht?

Mich erreichen aus dem Dunkel der Aktenberge über die Militärgerichtsbarkeit in Hitler-Deutschland aus dem Bundesarchiv in Koblenz Auszüge aus der Militärakte meines Vaters. Es ist erneut wie eine späte Botschaft des fernen Vaters, die da, in sperriges Amtsdeutsch verpackt, seine verzweifelte Lage schildert. Was ich nicht wusste, was auch in Ursels später Post an mich mit keiner Zeile erwähnt ist, finde ich in diesen Unterlagen. Mein Vater hatte bereits 1941 einen Lazarettaufenthalt genutzt, um sich »unerlaubt von der Truppe zu entfernen«. Er saß im Militärgefängnis der Marine in Kiel ein und wartete auf die Verhandlung vor dem Marinegericht.

Ebenfalls in den Unterlagen aus Koblenz finden sich Briefe seiner Mutter an den zuständigen Vorgesetzten, in denen sie bittet, »doch Gnade« für den Sohn walten zu lassen. Sie sucht nach Entschuldigungen, spricht von dem großen psychischen Druck, dem ihr Sohn, eine sensible Künstlerseele, nicht gewachsen gewesen sei. Als Beleg breitet sie eine Episode der Familiengeschichte aus, die uns unbekannt geblieben war: Sie schreibt von einer Kieferoperation, die er im Kriegslazarett zu überstehen gehabt habe, ein Eingriff, der ihn seine Frontzähne kostete und der nicht ohne Folgen für sein Gebiss und damit für die Karriere als Opernsänger sein würde. Überdies habe ihm seine Frau bei einem Besuch erzählt, sie würde sich in Danzig glänzend amüsieren. Und seine Schwester Nenni, die ebenfalls zu Besuch und bei diesem Gespräch des Ehepaares anwesend gewesen sei, habe den Eindruck gehabt, dass Ursel »die Kinder vernachlässigen« würde. Daraufhin sei Wolfgang völlig verzweifelt und deprimiert zu ihr, seiner Mutter, nach Berlin gereist, bedauerlicherweise ohne Urlaubsgenehmigung. Dort sei es zu einer erneuten Begegnung und Aussprache mit seiner Frau gekommen. Erst seiner Tante, der er sich offenbart habe, sei es gelungen, ihn zu überzeugen, dass es besser sei, sich bei seiner Einheit zurückzumelden. Ebenfalls erhalten ist eine handschriftliche Erklärung meines Vaters, in der er gelobt, nunmehr »ein guter Soldat« werden zu wollen, jetzt wo das Vaterland in Not sei. Unterschrift »Heil Hitler, Wolfgang Heye«. Das Gericht zeigt sich unbeeindruckt.

Alle Bemühungen, die Strafe zu erlassen, fruchten nicht. Wolfgang Heye wird zu sechs Monaten Gefängnis verurteilt. Was nicht in den Unterlagen steht, die da aus Koblenz an mich gelangten, ist die verzweifelte Lage, in der sich mein Vater befunden haben muss. Der weiche und selbst nach Aussagen meiner Mutter labile Mann, ein Sänger, der von der Bühnenkarriere träumt, war in der Kieferchirurgie eines Militärlazaretts in Kiel Ärzten ausgeliefert, die das Ende aller seiner Träume buchstäblich in der Hand hatten. Leicht vorstellbar, dass ihm in dieser Situation ein hingeworfener Satz seiner Frau wirklich den

Eindruck vermitteln konnte, seine Ehe sei in Gefahr. Vielleicht war auch alles eine verzweifelte Notlüge, die das Militärgericht beeindrucken sollte. So oder so, Ursel wird auf die eine oder andere Weise, vielleicht auch erst in dem Urlaub, von der Verurteilung gehört haben. Ob die Zeile »In der Nacht ist er gekommen/ Dunkel war um ihn und mich« darauf gemünzt ist?

Und wenn Ursel die Wahrheit kannte, wird sie sie vor ihren Eltern, in jedem Fall vor ihrer Mutter, verschwiegen haben, deren Vorbehalte gegen Wolfgang ihr ja deutlich bewusst waren. Gut möglich, dass sie zu ihrem Mann nach Berlin gereist ist, um ihm von der Wirklichkeit ihres Lebens und den Anforderungen ihrer Arbeit bei der Truppenbetreuung zu erzählen, die sie manchen Abend gekostet haben wird.

Ich weiß nicht, ob Wolfgang seine Gerichtsakte hatte einsehen können. Dann hätte er die Antwort des Gerichtsherrn, Vizeadmiral Rassmann, auf das Gnadengesuch seiner Mutter gelesen. Datiert vom 16. Dezember 1941, unter dem Stempel »Gericht des Küstenbefehlshabers westliche Ostsee« und der Registernummer »St.L. J. I 207/41« folgt eine knappe »Stellungnahme des Gerichtsherrn«:

»Ein Gnadengesuch vermag ich nicht zu befürworten. Der Angeklagte hat vom soldatischen Leben offenbar bisher sehr wenig erfaßt, obwohl er aus einer alten Offiziersfamilie hervorgegangen ist. Ein Soldat, der im Kriege glaubt, daß seine als Künstler und Sänger nach dem Krieg zu erfüllenden Aufgaben wichtiger sind als der augenblickliche Dienst, ist kein Soldat. Den Ausführungen der Antragstellerin, daß an den Angeklagten als Künstler nicht der gewöhnliche Maßstab angelegt werden könne, muß ich scharf entgegentreten. Bei der Wehrmacht gibt es nur Soldaten, bei denen einzig und allein der militärische Maßstab angelegt wird.«

Also sechs Monate Gefängnis. Wenige Wochen nach Verbüßung der Strafe wurden ihm die 14 Tage Heimaturlaub in Danzig gewährt. Er muss einen menschlich denkenden Vorgesetzten gehabt haben, der ihm das genehmigte. Vielleicht hatte es auch damit zu tun, dass der Name Heye in Militärkreisen einen guten Ruf hatte. Die Familie hat eine ganze Ahnenreihe von Offizieren hoch bis zum General und Admiral zu bieten, auf die sich der »Gerichtsherr«, Vizeadmiral Rassmann, in seiner Stellungnahme bezieht. Die Heyes stellten traditionell entweder Soldaten oder »Messerfresser und Feuerschlucker«, wie meine Großmutter es ausdrückte. Der künstlerische Zweig der Familie war ihr ein wenig suspekt.

Schon 18 Tage nach seiner Rückkehr aus dem Urlaub in Danzig nutzte Wolfgang die erste sich ihm bietende Möglichkeit, um erneut zu desertieren. War es beim ersten Mal vielleicht nur Naivität oder seine »Weltfremdheit«, wie es seine Mutter nannte, so muss er den zweiten Versuch, sich aus dieser verhassten Uniform zu befreien, jedenfalls in genauer Kenntnis der denkbaren Konsequenzen unternommen haben. In den Gerichtsakten lässt sich nachlesen, dass es ihm gelungen war, fast ein Jahr unerkannt im Untergrund zu leben. Erst im Sommer 1943 wurde er von Feldjägern aufgespürt und verhaftet. Sofort danach wurde er in das für die Heeresgruppe Nord zuständige Kriegswehrmachtsgefängnis in Wilna eingeliefert.

Zwischenzeitlich, genau am 2. April 1942, hatte der »Führer« und oberste Befehlshaber der Wehrmacht, Adolf Hitler, angeordnet, dass sich die Strafvollstreckung im Kriege den »wechselnden Erfordernissen der Kriegslage« anpassen müsse. Es dürfe nicht an Maßnahmen festgehalten werden, die sich unter »anderen Verhältnissen« bewährt hätten. Im Klartext: möglichst keine Todesurteile mehr. Jeder Mann wurde gebraucht, und daher gab Hitler die Anweisung, »die Bewährungsmöglichkeiten an der Ostfront in Zukunft« noch mehr als bisher zu nutzen. Wolfgang, der »wegen Zersetzung der Wehrkraft unter Annahme eines minderschweren Falles zu einer Gesamtstrafe von zwei Jahren« Gefängnis verurteilt wurde, musste seine Strafe in der Feldstrafgefangenenabteilung Vier antreten. Die Verluste an allen Fronten waren so groß, dass die Strafen nicht mehr abgesessen, sondern abgedient wurden.

Diese Verurteilung hatte zwei bekannte Folgen: die Entfernung seines Vaters, Max Heye, als Intendant des Schauspielhauses in Stuttgart und die Zwangsscheidung von seiner Frau in Danzig. Ob Wolfgang Heye diese Folgen seines Handelns kannte oder bedacht hat? Was wusste er von der politischen Realität und ihren Auswirkungen auf den Alltag in der braunen Diktatur? Ich hatte nicht mehr die Chance, das mit ihm zu besprechen.

Carl Zuckmayer berichtet in seinem *Geheimreport* über ihm bekannte, in Deutschland während der Nazizeit verbliebene Künstler und ihre Haltung gegenüber dem Regime und stellt fest, dass »in Deutschland mehr als anderswo in der Welt die Auffassung daheim war«, dass der Künstler eine geringere gesellschaftliche Verantwortung trage als andere Menschen. Mehr noch, Zuckmayer meint, dass die Künstler »sozusagen außerhalb der politischen, sozialen und ökonomischen Ordnung ein Eigenleben führten, dessen Boden und Firmament eben die überzeitliche Welt der Künste ist, die Ewigkeit des Universums, ein Traumreich, das nicht einmal einer religiösen Autorität außer der vom Künstler selbst erfühlten Gottheit untersteht. Mit anderen Worten«, fährt Zuckmayer fort, dass »eine ganze Reihe dieser Leute auf dem Standpunkt standen, die ganze Schweinerei geht sie im Grunde nichts an.« Traf das auch Wolfgangs Haltung?

Oder wie es in Büchners *Lenz* heißt: »Er ging gleichgültig weiter, es lag ihm nichts am Weg, bald auf-, bald abwärts. Müdigkeit spürte er keine, nur war es ihm manchmal unangenehm, dass er nicht auf dem Kopf gehen konnte.«

Ursel und Wolfgang. Diese vier Jahre, so hatte sie an mich geschrieben und damit die kurze Ehe mit ihrem Wolfgang beschrieben, »wiegen ein Leben auf«. Dieser Satz hat mich immer wieder gefesselt. Er war die Summe ihrer Erinnerungen an jene Ursel, die in dieser Liebe aufgegangen war. Diesem Gefühl von Bestimmung für den Mann, Gatten, Geliebten, die sie nicht ausleben durfte, von Geborgenheit in einem Leben, das nicht ihr Leben werden sollte. All das liegt in diesem Satz verborgen. Was immer an dieser Erinnerung auch trügerisch gewesen sein mochte, sie hat sie jedenfalls ein Leben lang begleitet. Mal stärker, wenn die Einsamkeit in ihrer von Hitlers Krieg dezimierten Generation sie umfing wie ein Gefängnis, mal schwächer, wenn sie sich aufmachte, ihr Leben zu teilen. Etwa in der Zeit mit Norah, oder in der kurzen griechischen Liebesnacht, die durch Stalins Schergen so quälend endete. Oder durch ihr brennendes Verliebtsein in den Arzt Gaston, das ihre Beziehung zu Norah zerstören sollte.

Diese wenigen Stationen haben nicht aufhalten können, was ihr das Leben, das sie leben musste, in seiner beständigen Anforderung an ihren Alltag von ihrer Persönlichkeit übrig lassen sollte. Am Ende verbrachte sie ihre Tage ganz nach innen gerichtet in Begleitung dieser kurzzeitigen Lebensgefährten. Für das Leben außerhalb hatte sie keine Kraft mehr. Ihr Dasein hatte sie verzehrt, und jetzt, wo ich zurückschaue, vor allem auf Bärbels wiederholte Versuche, den Lebensabend unserer Mutter anzufüllen, ihr Anregung zu bieten, wird mir klar, dass in Ursel kein Raum mehr war für ein Echo. Sie ahnte wohl nicht, was sie damit bei meiner Schwester anrichtete. Bärbel, die jedes Zeichen einer denkbaren Bevorzugung ihres Bruders durch die Mutter als Bestätigung der eigenen Zurücksetzung wertete. Und die unermüdlich daran arbeitete, von der Mutter mit gleicher Liebe bedacht zu sein, die für den Bruder scheinbar selbstverständlich zur Verfügung stand. Noch heute, von mir gebeten, mir bei dieser Erinnerungsarbeit zu helfen, um das späte Gespräch mit Ursel führen zu können, berichtet sie von dieser immer empfundenen Zurücksetzung.

Doch Bärbels Versuche, Ursel in ihren Jahren nach der Arbeit zu einem Leben zu verhelfen, das mehr sein sollte, als vielfach schweigend auf das Ende zuzugehen, waren ebenso vergeblich wie mein Bemühen, ihr dabei zu helfen. Es besserte sich nichts, nachdem wir Ursel überredet hatten, aus ihrer Wohnung aus einem entfernteren Vorort von Mainz ganz in die Nähe ihrer Tochter zu ziehen. Sie hatte ein Apartment am Waldrand, mit schönem Garten, großen Fichten und Birken. Vor einer verzweifelten Tochter saß dort Ursel still in sich gekehrt auf der Terrasse, die von starken Brillengläsern vergrößerten müden Augen in ein unbestimmtes Nirgendwo gerichtet. Sie rauchte Kette, wenn auch immer leichtere Zigaretten. Ihr Gesundheitszustand war erbärmlich. Sie litt an einem Lungenemphysem und war so kurzatmig, dass sie am Ende keine zwei Schritte gehen konnte, ohne in Atemnot zu geraten. Ich war Mitte 1985 das erste Mal auf diese Schwäche aufmerksam geworden, als sie zu einem ihrer seltenen Besuch nach Bonn gekommen war, wo ich damals lebte. Wir hatten uns für einen Kinobesuch verspätet und mussten uns beeilen, um noch rechtzeitig zur Vorstellung zu kommen. Nichts ahnend hatte ich, sie untergehakt, einen schnellen Schritt angeschlagen. Nach kaum zehn Metern kollabierte sie fast. Sie murmelte keuchend irgendetwas von einer Erkältung und nickte zu meinem Rat, einen Arzt aufzusuchen. Ich ahnte nicht, wie es wirklich um sie stand.

Nichts habe ich damals, sehr mit meinem eigenen Leben beschäftigt, wirklich gesehen. Altersstarrsinn vermutete ich, wenn Ursel völlig unberührt von Bärbels immer währenden Anregungen und meinen freundlichen, meist telefonischen Ratschlägen, doch am Leben um sie herum teilzunehmen, nur abwinkte.

Dass meine Mutter nach und nach in eine tiefe Depression versank und nur ganz selten daraus hervorblicken konnte, sah ich nicht. Seltsam so ein Familiengeflecht, wo die Bilder, die wir uns übereinander machten, so unverrückbar feststanden, dass wir Veränderungen des anderen kaum noch wahrnehmen konnten. Und heute, da ich auf diese Jahre zurückblicke, Stück für Stück meine Erinnerungen betrachte und herauszufinden suche, ob sie der Wirklichkeit von damals standhalten oder ob ich oft nur Oberflächen betrachtet habe, heute sehe ich, dass Ursels Leben über lange Zeit nur der Widerschein eines vergangenen Glanzes war. Fast zeitgleich mit dem Eintritt in das Rentenalter hatte sie uns mitgeteilt, dass sie jetzt nur noch ihre Ruhe haben wolle. »Jetzt«, erklärte sie, »muss ich ja nicht mehr.« Wir nahmen diese Sätze hin, ohne ihnen zu glauben oder ihren wirklichen Sinn zu verstehen.

Natürlich hatten wir gesehen und uns oft darüber unterhalten, dass sie im Beruf wie ein Uhrwerk funktionierte. Alles Showtalent, das ihr zur Verfügung stand, aktivierte sie, um die ewig freundliche, umsichtige, an alles denkende und alle Fäden in der Hand haltende Chefsekretärin zu geben. Der Beruf war ihre Bühne. Hinter der Bühne, dann, wenn sie zu Hause nach dieser Anstrengung wie eine welke Blume versank, hatte sie kaum noch etwas zur Verfügung, was sie an uns weitergeben konnte. Ihr häuslicher Terminkalender musste strikt eingehalten werden. Samstags und sonntags hatten wir um neun Uhr am Frühstückstisch zu sitzen. Erklärt wurde dieses Ritual damit, dass man ja sonst nichts voneinander habe. Bärbel und ich fügten uns selbstverständlich. Für uns war die erschöpfte Mutter Gegenstand vieler Gespräche und Erklärungsversuche. Ihr Leben, ihre vielen Enttäuschungen und die ihre ganze Kraft beanspruchenden Herausforderungen in Danzig, später in der DDR und schließlich im Westen, standen uns immer vor Augen. Wir hatten uns fest vorgenommen, so gut es eben ging, ihr keine weiteren Enttäuschungen zu bereiten. Es war vielfach ein Leben auf Zehenspitzen mit dem geduldigen Ablesen ihrer Gesten und Körpersprache, die wir in allen Nuancen zu verstehen glaubten.

Nein, es gibt kein klares Datum, kein Ereignis, das diese Entwicklung einsetzen ließ. Der Prozess ihrer Persönlichkeitsveränderung war schleichend. Selten genug gab es eine unerwartete Rückkehr zu der lachenden, vor Optimismus berstenden, lebensfrohen Ursel, meist war sie die Frau ohne Echo, leer und ausgepumpt, ohne Hoffnung. Bärbel, meine Schwester, hat bis in die letzten Jahre von Ursels Leben geglaubt, es sei ihr Unvermögen, dass sie den Zugang zu Ursel nicht finden würde. Ich habe vergeblich versucht, ihr das auszureden, und konnte doch nicht verhindern, dass ihre subjektiven Versagensängste sie selbst in Depressionen versetzten.

Krieg, das ist auch am Schicksal von Ursel und Wolfgang ablesbar, zerstört mehr als Städte, Fluren und Felder. Ursel und Wolfgang, sie hatten sich in den trügerischen Friedensjahren 1937/38 kennen gelernt, in den Krieg hinein zwei Kinder gezeugt, und dann blieben ihnen noch genau zwei Wochen, um aus dem kostbaren Gefäß ihrer Liebe zu trinken. Sie verbrachten einen Tag, »endlich allein«, in den Dünen von Zoppot, ausgelassen vielleicht und doch voller Wehmut. Über dem kleinen Album, das Ursel liebevoll für ihren Mann zusammengestellt hat, liegt ein Schatten. »In der Nacht ist er gekommen. Dunkel war um ihn und mich.« Was sie nicht ahnen konnte: Diese Zeilen gelten für beide Richtungen, für die Vergangenheit und die Zukunft.

Auch das hat der Krieg verursacht: Er bestimmte jeden Lebensschritt und verweigerte jede selbstbestimmte Entscheidung. Für Ursel hieß das: eine Scheidung, die sie nicht wollte; die Flucht aus Danzig, ihr wie vielen anderen aufgezwungen. Ein Familienleben, das niemals ganz war. Der brutale Eingriff in das Leben ihres Vaters, den sie davor nicht schützen konnte. Das Regime, das sie hasste und dem sie doch diente. Und alles, was dann folgte, später in der DDR und dann in der Bundesrepublik, waren Nachbeben und steter Kampf. Immer hatte sie versucht, das Leben zu fassen zu kriegen. Diese Vergeblichkeit ist ein bestimmendes Gefühl, wenn ich Ursel heute zurückschauend betrachte. Wie immer sie ihre Liebe zu Wolfgang gelebt, was immer ein Alltag aus dieser Beziehung gemacht haben würde – die Chance es auszuleben, blieb ihr verwehrt, und das schleppte sie durch ihr ganzes Leben.

Und Wolfgang, der da als Vatergestalt in Stuttgart auferstanden war, den ich erst jetzt Zeile für Zeile näher kennen lerne, was war er? Seine Eltern hatten sich scheiden lassen, als er und seine Schwester noch Kinder waren. Sie wuchsen bei der Mutter auf. Auch Wolfgang war ein vaterloses Kind. Er war allem Anschein nach mit Talenten ausgestattet, die den Vater Max Heye erkennen lassen. Doch von diesem ebenfalls spät wiedergefundenen Vater wurde er abgelehnt und weggestoßen, so wie dieser auch seine unverhofft aufgetauchten Enkel mit allen Anzeichen der Empörung über die Störung, die der Brief meiner Schwester verursacht hatte, wegstieß. Max Heye kenne ich nur aus den vielfältigen Zeugnissen, die er im Verlauf seiner Karriere hinterlassen hat.

Außer meinen Vater, dem ich so spät und so kurz begegnet bin, habe ich aus der Sippe der Heyes niemanden gekannt. Die genauen verwandtschaftlichen Beziehungen zum ehemaligen Chef der Heeresleitung, General Wilhelm Heye, oder zum späteren ersten Wehrbeauftragten des Bundestages, Vizeadmiral Hellmuth Heye, habe ich nie untersucht. Ich erinnere mich, dass meine Mutter einmal einen freundlichen Brief an den Wehrbeauftragten Heye gerichtet hat. Er blieb unbeantwortet. Vielleicht war das der Grund meiner Abneigung.

Auch die Mutter und die Schwester meines Vaters – es fällt

mir schwer zu schreiben: meine Großmutter, meine Tante – hatten keinen Kontakt mit der Danziger Familie. Daher bleiben sie auch weitgehend im Schatten dieser Erinnerungen. Wolfgang, Jahrgang 1911, ist in Berlin groß geworden und wird dort die schleichende Veränderung des Alltags nach 1933, damals gerade 21 Jahre alt, erlebt haben. Er hatte nach der Unterprima das Gymnasium verlassen. In den Akten aus Koblenz wird berichtet, dass er wegen einer »Körperverletzung« zu sechs Monaten Gefängnis verurteilt worden war. Nicht erzählt werden die Umstände dieser Vorstrafe. Vielleicht war er ja in eine Rauferei mit den Schlägerbanden der SA geraten, denen die Gerichte damals mit größter Nachsicht gegenübertraten.

Er hatte zunächst Schauspielunterricht genommen, dann Gesang studiert. Wenn ich meine Mutter fragte, wie seine Stimme gewesen sei, dann antwortete sie, sie klang wie die von Heinrich Schlusnus. Schlusnus war ein berühmter Sänger, und in anderen Zeiten wäre ihm Wolfgang ja vielleicht nachgeraten. Was ihn mir vor allem nahe bringt, war und ist sein Nein zu diesem Krieg. Er wollte, wohl ganz naiv und jedenfalls ohne großen politischen Hintergrund, einfach nicht dabei sein. Vielleicht war es mehr, eher wohl nicht. Aber für diese Haltung hat er alles ertragen, was ihm die Zeit, in der er so gern sein Leben gelebt hätte, aufgebürdet hat. Es war der Mut aus Verzweiflung.

Dieses waren sie wohl, die Nacht- und Taggestalten, mit denen Ursel in ihren letzten, von Krankheit gezeichneten Lebensjahren Umgang hatte in ihrer Innenwelt. Sie ließ uns kaum daran teilhaben. Bärbel war jeden Tag bei ihr. Sie kaufte ein, sorgte für alles, was Ursel brauchte. Natürlich freute sie sich, wenn ich sie besuchte. Und ich sah dann eine alte Frau, deren Lebenskraft durch ein Stundenglas zu rieseln schien. Manchmal konnte sie sich aus dieser Erstarrung lösen. Immer dann, wenn Ereignisse sie lockten, die sie an das erinnerten, was sie so gern selbst gelebt hätte. Jede Premiere eines neuen Programms ihres Schwiegersohns Herbert Bonewitz, der auf dem Brettl des »Unterhauses« in Mainz, einem bekannten Kabarett-Theater, Triumphe feierte, besuchte sie. Auch bei den Premierenfeiern war sie dabei und hielt bis weit nach Mitternacht durch. Dies war ihre Welt und geheime Sehnsucht.

Dann lebte sie auf und machte eine wundersame Verwandlung durch. Bärbel erinnert sich noch heute an Augenblicke, in denen Ursel in der üblichen Premierenkneipe, gleich um die Ecke vom »Unterhaus«, lachend und textsicher Schlager der 20er Jahre sang, möglicherweise auch solche, für die Max Heye die Texte geschrieben hat. Da war sie wieder, die Ursel, die damals in Berlin in den letzten verbliebenen Nischen, die noch nicht verpestet waren, auf kleinen Bühnen stand, um ihre Couplets zum Besten zu geben. Da war sie wieder, die Ursel, die Norah auf dem Klavier einfühlsam zu begleiten wusste. Da war es dann wieder, ihr wunderbares Lächeln, das dieses so müde Gesicht strahlen ließ in einem sonst schon eingemotteten Glanz. Da war dann zu spüren, was sie gewesen wäre, oder doch hätte sein können, hätte es dieses furchtbare Versagen in diesem unseren schwierigen Vaterland nicht gegeben.

Und diese Ursel, die immer mal bei Premierenfeiern auferstand, kommt der jungen Frau aus Danzig wieder ganz nah, die das kleine Album zusammenstellte mit den Fotos und eigenen kleinen Texten und Zitaten aus ihren Lieblingsgedichten, die sie passend zur Stimmung auswählte. Ein Foto auf der vorletzten Seite zeigt beide in zärtlicher Umarmung. Wolfgang in Uniform, sitzt im Garten, von den Knobelbechern ist nur der obere Schaft zu sehen. Er umfasst Ursel, die er halb sitzend, halb lehnend an sich presst. Beide blicken in die Kamera, und doch wirken ihre Gesichter wie abwesend, nur auf sich selbst, auf diesen Augenblick bezogen. Darunter setzte Ursel die Gedichtzeilen:

»Und uns gehört das ganze bunte Leben,
das blaue, große Bilderbuch mit Sternen,
mit Wolkentieren, die sich jagen in den Fernen
und hei, die Kreiselwinde, die uns dreh'n und heben!

Der liebe Gott träumt seinen Kindertraum
vom Paradies – von seinen zwei Gespielen,
und große Blumen sehn uns an von Dornenstielen...
Die düstre Erde hing noch grün am Baum.«

Mich erreicht ein Anruf von Bärbel. »Komm her, ich glaube, es geht zu Ende«, sagt sie, und ich setze mich in den nächsten Zug. Ein Taxi bringt mich hinaus in das kleine Waldviertel von Gonsenheim. Ich öffne das Gittertor und gehe über den schmalen Plattenweg an einem Gewächshaus vorbei, nach links vor den Aufgang des Hauses zu dem kleinen Apartment, dessen Eingang an der Seite des Hauses liegt. Ich umarme meine Schwester, die blass und müde vor mir steht. Sie macht mich mit dem Krankenpfleger bekannt, der gerade die Nachtschicht angetreten hat. Er ist aus Afghanistan nach Deutschland emigriert. Ursel war die letzten Wochen rund um die Uhr betreut worden. Ich setze mich zu meiner Schwester ans Bett und sehe auf diese bis zum Skelett abgemagerte Frau. »Sie liegt im Koma«, sagt der Pfleger. Ursel wie im tiefen Schlaf. Um die Augen treten scharf die Wangenknochen hervor. Die Nase ganz schmal, die Haut wirkt wie zerknautschtes und wieder geglättetes Papier.

Wie lange wir so gesessen haben, ich weiß es nicht. Lange. Und dann, wie durch einen kleinen wärmenden Lufthauch, verändert sich ihr Gesicht. Sie schlägt die Augen auf und sieht uns an. »Macht's gut, ihr beiden«, sagt sie. Aber begleitet von ihrem wunderbaren Lächeln. Sie streckt die Hände aus, jedem von uns eine Hand und ganz leise, kaum zu ahnen, spürt jeder von uns beiden diesen leichten Druck. Abschied. Ursel schließt noch im Lächeln die Augen. Das ist mein letztes Bild.

Ursels letztes Bild in ihrem Album, ihrer Liebeserklärung, zeigt Wolfgang allein, stehend, die rechte Hand halb in die Uniformjacke geschoben, der Arm fast im rechten Winkel. Ein letztes Bild, ein letzter prophetischer Text:

»Du, den ich liebe, den solang ich nicht geseh'n,
komm bald. Mir bangt, ich könnte sterben.
Ich will in tausend weißen Blüten steh'n,
und goldner Herbst soll meine Früchte färben.«

NACHTRAG

Und jetzt, während ich das Manuskript über meine Familiengeschichte vor mir habe, lässt mich das Gefühl nicht los, dass etwas fehlt, dass ich noch immer nicht die ganze Geschichte aufgeschrieben habe. Aus meinen oft verkapselten Erinnerungen habe ich Bilder hervorgeholt, auf denen wie ein Schattenriss Ursels und Wolfgangs Leben pulsiert. Aber auf welches dieser Bilder könnte ich das Copyright anmelden? Im Prozess der geschriebenen Erinnerung habe ich versucht, Wunschbilder von Trugbildern zu trennen und beides von dem, was authentisch ist.

Ich begann das Manuskript mit der Selbstgewissheit, dass ich etwas erzählen könnte aus einer anderen Welt, aus der Welt meiner Familie, die anders war als die anderen. Ein kleiner Stachel im Fleisch der selbstgenügsamen Mitläufer. Ich fühlte mich sicher aufbewahrt mit meinen Bildern. Von dieser Selbstgewissheit habe ich Abstriche machen müssen. Und es wurde eine Geschichte, die nach und nach entkleidet war von jeder heroischen Anwandlung, die ich in das Leben meiner Eltern hineingedacht hatte. Niemand ist am Ende völlig unschuldig am Ablauf des Geschehens jener zwölf Jahre zwischen 1933 und 1945. Was zu erzählen war, ist die Beschreibung des Lebenskampfes mir naher Menschen.

Ich betrachte die Fotos aus dieser Zeit, die wenigen, die meine Schwester akribisch und eifersüchtig hütend gesammelt hat. Sie erzählen von Besuchen der Familie meiner Großmutter in Danzig, zeigen Hochzeiten und Schnappschüsse eines Alltags, der im Niemandsland angesiedelt scheint, nicht aber im Land des Reichskanzlers Adolf Hitler, der Europa zur Wüste machte. Wie oft habe ich als Kind und später immer wieder diese kleine Fotoauswahl betrachtet und in sie hineingelesen, was die Familienlegende erzählt. Alle meine Wunsch- und Traumbilder, die mich anrührten, sind aus diesen Fotos damals in Danzig gespeist. Sie erzählen von einer Liebe, die sich im Alltag nicht bewähren konnte.

Die Schreckensbilder, die ich seit der Flucht aus Danzig in mir trage, hatte ich verstaut und gut verpackt, bis sie kaum noch sichtbar waren. Aber Verdrängung schafft auch Distanz. Als kleiner Junge in Rostock bin ich immer wieder ausgerissen. Stundenlange Abwesenheiten quälten die Familie. Sie mussten oft nach mir suchen. Einmal war ich auf keinem der vertrauten Orte um den Blücherplatz herum zu finden. Großmutter und Großvater, Mutter und Schwester zogen einen größer werdenden Suchkreis um die Stalinstraße herum, bis sie endlich auf den kleinen Zirkus stießen, der in Rostock Station machte. Hier war er gesichtet worden, der kleine weißblonde Kerl. Gefunden wurde ich in einem Wohnwagen der Zirkusleute, durchaus bereit, mit ihnen zu ziehen. Eine andere Suchaktion wurde nötig, weil ich vom Bäcker nicht zurückkam, wo ich Lebensmittelkarten gegen Brot eintauschen sollte. Ich saß dann unter einem Pferd, das aus seinem um das Maul gebundenen Hafersack ungerührt seinen Hafer mampfte.

Irgendetwas trieb mich weg. Anders als Bärbel, die stets mit Heimweh zu kämpfen hatte, kam ich niemals auch nur in die Nähe einer solchen Gefühlslage. Erst viel später als Erwachsener spürte ich so etwas wie Neid, wenn ich Freunden oder Bekannten zuhörte, die von Klassentreffen erzählten. Oder von dem Pfarrer in ihrer Gemeinde, dem sie Streiche gespielt hatten, Geschichten über ein gesichertes Zuhause. Lebensgeschichten, die von Heimat und Familienverbundenheit erzählten.

Anders als meine Schwester habe ich mich, sobald dieses möglich war, aus der Umklammerung meiner Familie gelöst. Sie selbst flüchtete sehr früh in die Sicherheit einer eigenen Familie und war mit ihren 18 Jahren und bald darauf Mutter zweier Kinder doch selbst noch fast in den Kinderschuhen. Dennoch blieb sie immer im Blickkontakt zu Ursel. Auch ich heiratete früh und ging weg in ein eigenes Leben. Die Schwester war es, die beharrlich Kontakt hielt. Keine Begegnung, kein Telefonat war möglich, ohne dass sie mich erinnerte. Immer wieder ihr »Uwe weißt du noch …« Ich habe diese Äußerungen lange als ihre Marotte betrachtet, aber jetzt weiß ich, dass sie damit den Stauraum meiner Erinnerungen immer wieder gefüllt hat. Sie war es, die sich in der Liebe zu unserer Mutter verzehrte und aufbrauchte. Und sie war es, die alle Überlegungen, Ursel in die Obhut eines Heimes zu geben, kategorisch zurückwies. Es war Bärbel, die mich an meiner Restfamilie beteiligt sein ließ. Auch das gehört zur Geschichte von Ursel und dem, was das Nachbeben des Krieges im Frieden mit uns machte.

In diesem nachgereichten Gespräch mit meiner Mutter wollte ich vor allem ihre Geschichte erzählen und die schwierigen Umstände, die ihr Leben bestimmten. Meine Schwester findet, ich sei dabei mit meiner Großmutter etwas zu streng umgegangen. Dabei denkt sie vor allem an die letzte Lebensphase von Martha Engler, Ursels Mutter, die von Altersweisheit und wachsender Toleranz uns, ihren Enkeln gegenüber, geprägt war. Beide, mein Großvater und meine Großmutter, wurden in Mainz begraben. Mein Goßvater, am 6. Januar 1886 in Schöneck in Westpreußen geboren, starb am 6. Mai 1960 an den Folgen eines Verkehrsunfalls. Meine Großmutter, Jahrgang 1892, folgte ihm zwölf Jahre später im November 1972. Sie ist ganz friedlich eingeschlafen. Die beiden waren in dieser Stadt nie wirklich heimisch geworden. Auch das ist ein Teil der Geschichte – Fremdheit und herausgerissene Wurzeln.

Für sie gab es nur Ursel, an die sie sich klammerten und um die sich alles drehte. Als die Verantwortung für Kinder und Eltern sich aufgebraucht hatte, war Ursels Lebenskraft fast erloschen. Der letzte Zugang zu einem Alltag, der ihr nicht mehr viel gab, war vor allem die Tochter. Was ihr blieb, war die Erinnerung an ein Leben im Schatten des Glücks.

NACHWORT DES AUTORS

Dieses Buch handelt vom Krieg und dem Leben einer Generation, die eingepfercht war zwischen zwei Kriegen, dem Ersten und dem Zweiten Weltkrieg. Viele Lebensentwürfe in dieser Zeit blieben ein unerfüllter Traum. Millionen Menschen ging es so im Deutschland des 20. Jahrhunderts. Wenn ich aus diesen zahllosen Schicksalen das meiner Eltern in den Jahren vor und nach dem Zweiten Weltkrieg herausgreife aus dem Erinnerungsgepäck dieser Zeit, dann vornehmlich in der Absicht, wenigstens eine Teilantwort auf die Frage zu erhalten, wie dieser für mich nach wie vor unheimliche Zivilisationsbruch der Hitlerzeit geschehen konnte und ob es schuldhafte Anteile gab, die auch meine Eltern mit zu verantworten hatten.

Gleichzeitig erhoffe ich mir, jüngeren Lesern einen Hinweis zu geben, was passieren kann, wenn die Entwicklung einer Gesellschaft oder, genauer, die öffentlichen Angelegenheiten aus der eigenen individuellen Mitverantwortung entlassen und Hasardeuren der Politik zum gefälligen Gebrauch überlassen werden. Wie viele sind damals viel zu spät aufgewacht, und wie vielen wurde erst in den Schützengräben und auf den Schlachtfeldern in den Weiten Russlands klar, dass sie sich Verbrechern ausgeliefert hatten. Befreit eine solche späte Einsicht von der Mitschuld am gemeinsamen Untergang?

Vielfach bin ich auf Vermutungen angewiesen, wie sich meine Eltern in dieser Zeit verhalten haben. Es spricht einiges dafür, dass sie die Verachtung für Andersdenkende nicht teilten, auch nicht den gezielten Hass auf diejenigen, die jüdischen Glaubens waren. Um das zu ergründen, habe ich mir viele Gespräche mit meiner Mutter in Erinnerung rufen können. Aber auch sie hatte nur ein passives Nein gegen die staatlich verordnete Unmenschlichkeit zu bieten. Und mein Vater? Ich habe ihn kaum kennen gelernt. Es war wohl kein politisch motivierter Ausbruch aus dem Konformismus seiner Generation, die begeistert die Kriegsfanfaren hörte, der ihn bewegte, von der Wehrmacht zu desertieren. Er war ein Künstler, wenig geeignet für das Soldatische, einfach unfähig, das Leben zu leben, das ihm da befohlen worden war. Das Leben, das er gern gelebt hätte, fand für ihn nicht statt. Immerhin ein Nein.

Und es zeigte sich, dass der Krieg mit der Unterschrift unter die Kapitulationsurkunde längst nicht vorbei war. Das Nachbeben währte lange und bestimmte den weiteren Lebensweg meiner Eltern. Auch das ist typisch für Millionen andere Schicksale in dieser Zeit. So dramatisch und am Ende glücklos das Leben für viele aus der Generation meiner Eltern auch war, im Vergleich zu den Leiden der Opfer dieses kollektiven politischen Versagens der Deutschen hatten sie das gute Ende erwischt. Was die Zeitgeschichte dieser betrogenen Generation abverlangte, lässt sich fast prototypisch am Schicksal meiner Eltern, in Sonderheit meiner Mutter, nachvollziehen; dieses Buch will davon erzählen.

Es entstand teilweise in New York, wo mir immer wieder inzwischen hochbetagte überlebende Opfer jener zwölf Jahre zwischen 1933 und 1945 begegnen, die hier einen sicheren Hafen gefunden haben. In meinen Gesprächen wird mir immer wieder klar, wie tief der Riss durch die Geschichte geht, den der Nationalsozialismus verursacht hat.

»Alles, was sie wissen müssen, wird sich vor ihren Augen abspielen, und sie werden nichts sehen«, lässt Christa Wolff ihre Kassandra sagen.

Nichts gesehen zu haben, das war eine der stereotypen Antworten, die meine Generation von der im Übrigen schweigenden und verschweigenden Elterngeneration auf unsere Fragen nach dem zu hören bekam, was als Zivilisationsbruch in Deutschland stattgefunden hat. Die Bearbeitung dieser jüngeren Geschichte ist nicht beendet. Umso weniger, als erneut Wiedergänger der Nazis auf der Bildfläche unseres Landes erscheinen. Diese neuen Nazis, die in Aufmärschen und auf unerträglichen Hass-Seiten im Internet das Gift versprühen, das dieses Land schon einmal in den Abgrund geraten ließ, haben mich erneut zu der Erkenntnis gebracht, dass die Auseinandersetzung für eine humane, weltoffene Gesellschaft und gegen die schrecklichen Vereinfacher noch nicht gewonnen ist. Auch darum dieses Buch. Es ist auch jenen jungen Frauen und Männern gewidmet, die sich in Initiativen und in ihrem Alltag dieser Auseinandersetzung verschrieben haben.

Ich selbst hatte Gelegenheit, im Jahr 2000 die Initiative »Gesicht zeigen« zu gründen. Als ich den Verein zusammen mit Paul Spiegel und Michel Friedman vom Zentralrat der Juden in Deutschland aus der Taufe hob, war mir durchaus klar, dass diese Arbeit nur wirksam werden kann, wenn Menschen dieser Idee Leben einhauchen würden. Wer heute in die Geschäftsstelle von »Gesicht zeigen« in Berlin eintritt, wird ihnen begegnen. Drei junge Frauen, Sophia, Rebecca und Valerie, arbeiten dort mit unerschöpflicher Energie, oft verstärkt von jungen Leuten, die dem Verein einige Wochen ihrer Arbeitszeit schenken. Sie wollen hinsehen, damit Kassandra nicht Recht behält. Und sie tun es mit tausenden anderen, die in Städten und Dörfern gegen Rassismus und Antisemitismus aufstehen. Sie sorgen mit dafür, dass die Zivilgesellschaft widerständig bleibt.

Dieses Buch ist ein kleines Mosaik aus der Alltagswelt der zurückliegenden rund 80 Jahre. Ich hoffe, es kann etwas verdeutlichen: Krieg wird nicht nur auf den Schlachtfeldern erlitten, er greift tief in den Alltag der Menschen ein und lässt sie nicht los, selbst wenn der Frieden längst zurückgekehrt scheint. Krieg betrügt die Menschen um ein selbstbestimmtes Leben. Diese Sicht ist in Geschichtsbüchern selten nachzulesen. Deshalb versteht sich dieser Text als ein Stück erzählter Geschichte, das nicht von Kriegshelden und Schlachten erzählt, sondern von der Armseligkeit des Lebens im und nach dem Krieg.

... und jetzt der Fernsehfilm »Schicksalsjahre«:

Das war ja eines der Motive für das Buch »Vom Glück nur ein Schatten«: eine Geschichte zu erzählen, die für das Ganze stehen kann. Und eine Geschichte, in der sich viele wiederfinden konnten, die diese Zeit vor und nach dem Zweiten Weltkrieg miterlebt haben. Das Exemplarische war mir wichtig, als ich mich daran machte, das Leben meiner Mutter zu erzählen. Und daher meine Freude darüber, dass das Buch mit ihrer Lebensgeschichte diesen Widerhall fand. Heike Hempel, Leiterin der Hauptabteilung Unterhaltung im Zweiten Deutschen Fernsehen, war es vor allem, die diese Qualität des Buchmanuskriptes erkannte und die in Nico Hofmann von teamWorx einen Produzenten fand, der ihre Überzeugung teilte. Diesen Stoff hatten sie gesucht, der auch die zwei Jahrzehnte zwischen 1938 bis 1958 mit einbezog.

Das ist nun schon einige Jahre her. Und jetzt gibt es ihn, den Fernsehzweiteiler in der Regie von Miguel Alexandre, dem mit Thomas Kirchner ein idealer Drehbuchautor und mit Maria Furtwängler eine ideale Besetzung der Hauptrolle zur Verfügung standen. Aber auch die weiteren Mitglieder des Teams machen deutlich, was Schauspielkunst ist und wie sie den Betrachter in Atem hält. Sie geben den realen Menschen, über die das Buch erzählt, andere Gesichter, aber sie zeigen das Leben, das die Menschen in dieser Zeit leben mussten. Ein Leben, das keinen ihrer Träume Wirklichkeit werden ließ. Liebe in Zeiten des Krieges war zerbrechlich.

Exemplarisch für die Kriegsgeneration, die den Zivilisationsbruch Hitlerdeutschlands überlebt hatte, ist das Leben von Ursula Heye, die ebenso blind war für die heraufziehende völkisch geprägte Menschenfeindlichkeit wie die meisten Deutschen in dieser Zeit. Das war ihr Selbstvorwurf, weggesehen und weggeduckt zu haben, als Widerstand noch möglich gewesen wäre. Diese spätere Einsicht hat sie ihren Kindern mitgegeben: Das darf nie wieder passieren.

Auch dies ein Motiv für das Buch, es soll dazu ermutigen, den neuen Nazis entgegenzutreten, die erneut das Gift völkischer Überheblichkeit rassistisch ausleben. Hätten sie Erfolg, würde sich Deutschland tatsächlich abschaffen. Hitler wollte die Welt erobern und brachte den Bombenkrieg nach Deutschland. Er überfiel Polen, Frankreich, später Russland und teilte die Menschheit auf in Herrenrasse und in minderwertiges Leben. Das war die Voraussetzung für die »Schicksalsjahre«, von denen der Film erzählt. Ich hoffe, dass die Macht der Bilder mit dazu beiträgt, dass in vielen Familien auch die eigene Geschichte in dieser Zeit erinnert und erzählt wird und das »Nie wieder« erneut Bedeutung erlangt.

Ich bin sicher, dass der Film und die Dokumentation, die ihm zur Seite gestellt ist, viele Menschen berühren werden. Noch anders als die Lektüre eines Buches kann Film den direkten Weg in das Gemüt von Menschen finden, auch und gerade, wenn es so ungemütlich zugeht wie in den »Schicksalsjahren«. Es ist aber auch spannende Unterhaltung, mit dem Vorteil, dass nichts erfunden, sondern nur gelebtes Leben wiedergegeben wird. Der Film ist eine gelungene Adaption. Die Lektüre des Buches macht er nicht überflüssig. Im Gegenteil.

Uwe-Karsten Heye,
im Januar 2011

Maria Furtwängler in der Rolle von Ursula Heye 1937.

»DEN MUT HABEN, SICH AUFZULEHNEN«

Ein Interview mit Maria Furtwängler

Welche Rolle spielt es für Sie, dass Ursula Heye eine reale Figur ist?

Eine reale Figur wie Ursula Heye zu spielen, hat für mich einen großen Unterschied gemacht. Das Buch »Vom Glück nur ein Schatten« von Uwe-Karsten Heye über das Schicksal seiner Mutter hat mich Ursula Heye sehr nahe gebracht und war schon eine erste intensive Annäherung. Während des Drehs hat Heye mir dann das Bildnisbändchen seiner Mutter gegeben, welches Fotografien und kleine Gedichte enthielt, die sie während des letzten Fronturlaubs ihres Mannes gemacht hatte. Wann immer ich erschöpft von den Dreharbeiten war und einen Widerwillen spürte, mich in die nächste schmerzhafte emotionale Situation zu begeben, habe ich in dieses Bändchen hineingesehen und aus den Bildern voll Glück und Liebe für ihren Mann neue Kraft geschöpft. Das war eine neue und spannende Erfahrung.

Sehr berührt haben mich auch zwei Äußerungen Ursulas, die sie ihrem Sohn in einem Brief geschrieben hatte. Über die wenige Zeit die sie mit ihrem Mann hatte, sagt sie: »Diese vier Jahre wiegen ein Leben auf.« Und trotz all der Entbehrungen, die sie erlebt hatte, war sie nicht bitter geworden, sondern hat ihrem Sohn geschrieben: »Ich bin dankbar für dieses Leben und für all die glücklichen Momente, die ich erleben durfte, insbesondere für meine wunderbaren Kinder.«

Wie ist Ihr Verhältnis zu der Figur, die Sie spielen? Was haben Sie mit ihr gemeinsam und was unterscheidet Sie?

Mit Ursula verbindet mich sicherlich die bedingungslose Liebe zu den Kindern. Da ist sie mir sehr nahe. Sie hat ihr Leben lang immer versucht, ihren Kindern ein gutes Leben zu ermöglichen, was damals sicher eine unendlich viel größere Anstrengung bedeutete als heute. Und ich beneide Ursula Heye um ihre Musikalität und ihr Klavierspiel. Ich musste ganz schön üben, um im Film selbst die Klavierstücke zu spielen, was mir aber auch viel Freude bereitet hat. In der Naivität, wie sie ihre Liebe gelebt hat, gehöre ich einer anderen Generation an: einer Generation Frauen, die ihr Anrecht, egoistisch sein zu dürfen, sich selbst zu verwirklichen, leben darf. Ursula, die gerne Sängerin oder Pianistin geworden wäre, hat ihre eigenen Talente ganz selbstverständlich aufgegeben, als sie ihren Mann kennengelernt hat. Aber ich bewundere ihre Fähigkeit, so hingebungsvoll zu lieben.

Der Film erzählt die Geschichte einer starken Frau und zeigt ihren bedingungslosen Einsatz für das persönliche Glück in schwersten Zeiten und den aufopfernden Kampf um ihre Kinder. Was kann man von Ursula Heye lernen?

Den Mut zu haben, sich aufzulehnen. Tatsächlich wurde Ursula Heye zu einer Zivilcouragierten, so war sie nicht geboren. Zu Beginn schaut sie noch weg, als die ersten verbrecherischen Züge des Nationalsozialismus sichtbar werden, aus Angst, ihre eigene Familie zu gefährden. Als die Nazis sie zwingen, sich von ihrem fahnenflüchtigen Mann scheiden zu lassen, lässt sie sich noch einschüchtern - sie hat sich das zeitlebens vorgeworfen! Als man sie dann in der neu gegründeten DDR abermals zwingen wollte, sich anzupassen, hat sie die riskante Flucht vorgezogen. Sie zeigt, dass es sich lohnt, Zivilcourage vorzuleben und den Keim in die nächste Generation zu pflanzen. Ihr gelang es, ihre Kinder politisch zu erziehen.

Die Biografie von Ursula Heye steht stellvertretend für viele Frauenschicksale ihrer Zeit. Wie ist die Rolle der Frauen im Nachkriegsdeutschland zu werten? Wie hat sich diese Erfahrung auf die Frau von heute ausgewirkt?

Ursula Heye ordnete sich selbstverständlich und ganz typisch für ihre Generation zu Beginn ganz ihrem Mann unter. Sie lebte für die Karriere ihres Mannes, arbeitete nur noch für ihn und sein großartiges Talent. Spannend ist die Entwicklung, die sie durchlebte. Am Ende war Ursula Heye eine emanzipierte Frau, im besten Sinne. Und eine politische Frau. Zu ihrer Haltung im Nationalsozialismus hat sie ihren Kindern immer gesagt. »Ich bin Teil dieser Schuld. Auch ich habe mich weggeduckt und habe weggesehen.« Sehr klar fordert sie später ihr Recht ein, als die Kommission zur Anerkennung politischer Flüchtlinge sie ablehnen will. Eine Schlüsselszene, die ihren Weg zu einer mutigen und selbstbestimmten Person beschreibt.

Der Film beleuchtet aus sehr persönlicher Sicht die prägende Stunde Null, den Wiederaufbau der Bundesrepublik und den Aufbau der DDR. Was hat Sie an dem Stoff fasziniert?

Eine ganze Generation konnte ihre Biografien nicht leben, konnte ihre Fähigkeiten und ihre Liebe nicht leben. Ihr Leben war bestimmt von Verlust. Verlust von geliebten Menschen, von Heimat, von Besitz, von Allem. Etwas, das wir uns heute kaum mehr vorstellen können. Die Frauengeneration an der zweiten Front, der »Heimatfront«, musste plötzlich die Arbeit in den Fabriken, auf dem Bau etc. verrichten und ihre Familien alleine ernähren. Die Frauen, die eine große Abhängigkeit von ihren Männern kannten, waren plötzlich auf sich allein gestellt, haben den Wiederaufbau maßgeblich ermöglicht. Trotzdem haben wir in der Frauengleichberechtigung in Deutschland auch heute noch große Defizite. Dies hat wahrscheinlich auch mit der damals von den Nazis propagierten Gesellschaftsordnung zu tun. Die Idealfrauen dieser Zeit blieben zu Hause und sorgten für Nachwuchs. Diese Werte galten für viele, vor allem in der Bundesrepublik, auch noch nach dem Krieg.

Das Interview führte Julia Kainz.

SCHICKSALSJAHRE – DER FILM

nach dem Buch »Vom Glück nur ein Schatten«
von Uwe-Karsten Heye

Drehzeit:	9.9. – 16.12.2009 12.1. – 26.1.2010
Drehorte:	Polen, Nordrhein-Westfalen, Berlin, Mecklenburg-Vorpommern, Bayern
Buch:	Thomas Kirchner
Regie:	Miguel Alexandre

Die Rollen und ihre Darsteller:

Ursula Heye	Maria Furtwängler
Norah Kellermann	Dorka Gryllus
Wolfgang Heye	Pasquale Aleardi
Martha Engler	Rosel Zech
Franz Engler	Günther Maria Halmer
Hilde	Nicole Marischka
Hans Engler	Wanja Mues
Tante Anni	Petra Kelling
Niklas Psathos	Merab Ninidze
Doktor Weise	Peter Prager
Heinrich Nolde	Heikko Deutschmann
und andere	

Stab:

Casting:	Nina Haun
Kamera:	Jörg Widmer
Dramaturgie:	Carolin Haasis
Schnitt:	Tobias Forth
Szenenbild:	Thomas Franz
Kostüm:	Wiebke Kratz
Musik:	Wolfram de Marco
Music Supervision:	Hansjörg Kohli
Dramaturgische Beratung:	Christine Kaschuba
Line Producer:	Chris Evert
Herstellungsleitung:	Dirk Ehmen
Produzenten:	Nico Hofmann, Benjamin Benedict, Jürgen Schuster teamWorx Television & Film GmbH gefördert mit Mitteln der Filmstiftung NRW, des Medienboards Berlin-Brandenburg, des Film Fernsehfonds Bayern und von Nordmedia
Redaktion:	Heike Hempel, Alexander Bickel
Fachberatung:	Dr. Winfried Heinemann Dr. Jens Hüttmann